Camille
du compte @mother_feucoeur

Un enfant (pas) comme les autres

« C'est donc ça, le super-pouvoir de notre fils ? »

Les mots bouleversants et pleins de vie d'une maman confrontée au handicap de son petit garçon.

LAROUSSE

Préface

Chère Camille, cher Ben, chers Aaron et Léo,

Je m'adresse à vous quatre car dans ce livre, si c'est Camille qui écrit, qui met sa poésie et ses mots crus, c'est en fait vous quatre qui venez à notre rencontre. On y reçoit la vie à pleines brassées.

Les souvenirs remontent. Quelle plus belle rencontre que celle d'un enfant ? Le mien était tout petit et tenait dans ma main la première fois. Pourtant, c'est lui qui nous a façonnés, mon épouse et moi. Aaron, Léo, on va vous dire d'obéir à vos parents, certes, mais n'oubliez pas que c'est vous qui faites leur éducation. Ils sont comme ils sont, là vous avez vraiment de la chance, mais c'est vous qui allez les faire devenir parents. Quel bonheur !

J'ai éprouvé la force, le courage, la volonté que dégage un enfant. C'est mon fils qui m'a appris la vie. On nous disait de le protéger, mais la seule protection qui vaille dans la vie, c'est l'amour. Et l'amour, il semble partout dans votre vie. Sa force, c'était sa joie de vivre, c'était son talisman pour passer les obstacles, pousser les portes. Et les portes, il les a toutes ouvertes pour trouver sa place.

Souvent, ceux qu'on rencontre veulent nous mettre dans des cases : normal, pas normal, valide, invalide. Sans doute de mauvaises façons de gérer sa peur de ne pas être soi-même à sa place. La question n'est pas de savoir si nous sommes tous égaux, parce que c'est notre diversité qui fonde notre humanité. C'est votre diversité qui fait de vous des valeurs ajoutées. Et ce sont les liens que nous créons entre nous qui sont le cœur de notre vie.

Camille et Ben, j'ai appris de mon fils que l'enjeu n'est pas de réparer quelque chose, mais de s'ouvrir des opportunités. Choisir des objectifs qui font sens. C'est à cela aussi que servent les bons professionnels : à parler ensemble d'objectifs qui donnent envie d'aller de l'avant, que l'on peut atteindre en traçant un chemin. Je n'ai pas de livre de recettes mais, en matière d'éducation motrice, un bon guide c'est celui que nous avons demandé à la Haute autorité de santé de produire avec des professionnels, des parents, des personnes avec paralysie cérébrale et des accompagnants : « Recommandation de bonne pratique pour la rééducation et la réadaptation »*. S'appuyer sur des preuves scientifiques, c'est la meilleure garantie que ce qui est fait est utile et les risques minimes. Parlez-en avec des professionnels en qui vous avez confiance.

Avec cette fondation, avec les associations dont j'ai fait partie, j'ai appris la force du groupe, la joie de faire ensemble, l'utilité de l'indignation et surtout le pouvoir des coopérations. C'est l'enthousiasme qui mobilise. C'est d'être ensemble familles, professionnels, chercheurs qui rend crédibles. C'est cette générosité collective qui permet d'avancer. Rien ne se fait sans engagement. Merci à vous tous.

Merci Camille et Ben pour cette force en vous, nous allons passer un sacré bon moment à « danser avec vous sous la pluie », comme le dit Camille. Quelqu'un a ajouté : « Cette maman, un round à la fois, elle est en train de le gagner ce match de boxe avec la paralysie cérébrale. »

Aaron et Léo, mon dernier mot est pour vous. Quel meilleur chemin, pour commencer, que le chemin d'amour et de liberté que vous tracent vos parents ? Pour le reste, c'est à vous de décider. Bonne route, restez unis.

Alain Chatelin,
président de la Fondation Paralysie Cérébrale.

---

* https://www.has-sante.fr/jcms/p_3166294/fr/reeducation-et-readaptation-de-la-fonction-motrice-de-l-appareil-locomoteur-des-personnes-diagnostiquees-de-paralysie-cerebrale

Sommaire

Aaron

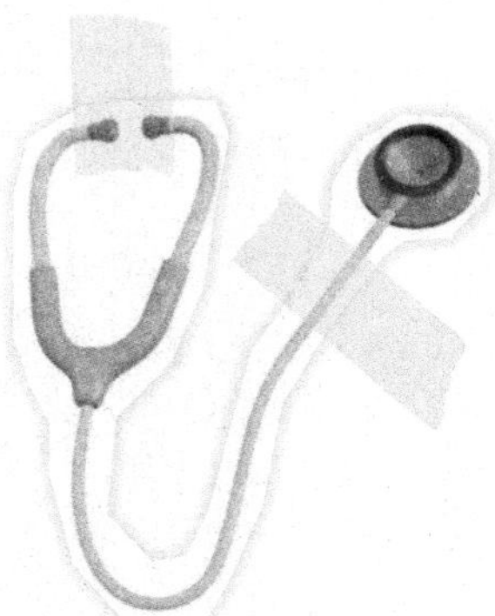

31 janvier 2024.
C'est le jour de son I.R.M.
Après de (trop) longs mois d'attente.
Aaron a 2 ans et demi,
et réagit de la même manière que s'il allait à Disneyland.
Nous le réveillons plus tôt que d'habitude.
Il ouvre les yeux.
Avec son plus beau sourire, il nous dit :
« On va aller à l'hôpital. »
« Elle est trop trop gentille le docteur. »

Quelques jours auparavant, nous lui avions acheté une petite mallette de docteur.
Plus vraie que nature.
Avec un vrai stéthoscope,
de vrais pansements,
une blouse...
Mais surtout un masque à oxygène.
Pour l'entraîner à porter le masque.
Celui qui allait plonger mon bébé d'ici quelques heures dans un sommeil artificiel.
Indolore pour lui.
Traumatisant pour nous.
Cette mallette avait connu un franc succès.
Mon bébé était paré.

Nous lui donnons une douche inhabituelle.
Matinale.
Comme indiqué sur les précautions à suivre.
Il trouve ça « trop rigolo ».
Beaucoup moins quand il faut en sortir.

Dans la voiture, je lui demande si je peux lui tenir la main.

Il me répond : « Oui. »
Devant l'hôpital, il essaie de récupérer sa main, moite.
Il insiste : « On s'est bien tenu la main maman. »
Mais malgré tous mes efforts,
je n'arrive plus à la lâcher.

Arrivés à l'hôpital, le personnel nous installe dans une chambre.
Aaron joue à monter.
Descendre.
Monter.
Descendre.
Monter...
la barrière de son lit.
Un brancardier vient nous chercher pour l'examen.

Dans la salle d'attente,
il y a plein de parents
avec les yeux qui brillent
et plein d'enfants
avec un grand sourire.

C'est notre tour.
Pour l'endormissement.
L'anesthésiste installe Aaron dans un lit,
puis nous explique le procédé.
Aaron joue avec le masque.
Ben serre les dents.
Moi, j'essaie de serrer mes canaux lacrymaux.
En vain.
Je sens mes joues se mouiller.
J'embrasse mon fils.
Je m'enfuis.

Une infirmière me raccompagne,
en me disant que c'est courageux de ne pas rester
quand on ne se sent pas.
Je ne me sens pas courageuse.
Je ne me sens pas.
Tout court.
Peut-être parce que je sens tout.
De l'hôpital, et de tout ce qui y est associé.
Son odeur où se mêlent l'angoisse,
la crainte,
la tristesse,
la peur.
Et parce que je n'ai pas le courage de lui mentir.
De lui dire que tout va bien.
Alors qu'à l'intérieur de moi, rien ne va.
Si le courage est de rester quand on a peur,
moi la peur, à cet instant précis, a pris possession
de mon être.
Tout entier.
Alors je pars.
Pour que mon fils se sente en sécurité.

L'examen dure 30 minutes.
Ressenti 8 295 minutes.
Les médecins viennent nous chercher.
Direction la salle de réveil.
Aaron met 15 minutes à se réveiller.
Ressenti 8 295 minutes.
Je le serre.
Très fort.
Peut-être trop.

Il me dit : « Je veux un gâteau. »
Il est là.

De retour.
Vivant.
Et affamé.

Nous remontons en chambre.
Une dame arrive avec des pâtes et du jambon.
Une neurologue la suit avec les résultats,
moins appétissants.

Elle me demande comment s'est passée ma grossesse.
Je lui explique alors que le hasard a mal fait les choses.
En faisant disparaître ma mère,
pendant son apparition à lui.

Elle nous décrit les cicatrices sur son cerveau.
Nous explique que certaines zones sont... mortes.
Mais qu'il faudra faire confiance
au pouvoir de ce cerveau,
et à sa plasticité, redoutable
à cet âge-là.
Qu'un cerveau stimulé
est capable de fabriquer de nouveaux circuits,
pour remplacer ceux qui ont préféré s'éteindre
pendant la grossesse.

Séquelles de leucomalacie périventriculaire.
Soit une paralysie cérébrale.
C'est difficile à dire.
Mais plus facile d'avancer une fois que c'est dit.

De retour à la maison.
On ne sait toujours pas
vers où on va.
Mais on sait, enfin,
d'où ça vient.

Tout en s'accrochant au fait que,
quoi qu'il advienne,
notre fils arrivera à la plus belle des destinations.
Même si ce n'est pas en passant par la route
principale.

Maintenant plus que jamais,
on se fout du temps qu'il faudra.
Puisqu'en *y* réfléchissant,
c'est souvent dans les détours
que l'on croise les plus beaux paysages.

Camille

Aujourd'hui

Je m'appelle Camille.
J'ai 31 ans.
J'ai deux fils, uniques.

Je mesure 1 m 47.
Plus jeune,
je trouvais que c'était beaucoup trop lourd à porter.
Aujourd'hui,
mes pantalons 10-12 ans me rappellent
que c'est beaucoup moins cher.

J'aime tous les métiers.
Du coup, je n'en ai plus aucun.
Enfin si.
Le plus beau.
Mais le plus mal payé.
Mère au foyer.

Depuis que je suis maman,
je ne mange plus le blanc du poulet.
Déjà pris par mes fils et mon mari.

Je ne sais pas faire la différence entre une clémentine
et une mandarine.
Alors je dis que c'est une petite orange.

J'essaye de ne pas trop manger de viande.
Mais quand je mange du faux-filet,
je me demande s'il y a du « vrai-filet ».

Je suis tellement indécise
que je complète souvent mes phrases avec des « si ».

L'inspiration me vient souvent lorsque je suis
sous la douche.
Ce n'est pas vraiment pratique pour prendre
des notes.
Alors beaucoup d'idées se font la malle dans le siphon.
Généreusement enrobées de mousse.
Parfum vanille.

Je mets un mouchoir dans mon nez lorsque je suis
enrhumée.
Je suis stressée si je ne vais pas aux toilettes
avant de sortir de la maison.
Je pense d'ailleurs que l'apostrophe « Ça ne va pas,
t'as pas fait caca ? » a été inventée pour moi.

Je ne veux plus regarder l'heure à partir de 21h00.
Effrayée par le nombre d'heures qu'il me reste...
avant le réveil.
J'ai toujours peur de ne pas dormir.
Du coup, j'ai des insomnies.
Et ce qui est pire que d'avoir des insomnies,
c'est d'avoir des insomnies avec deux enfants.
Qui dorment.

J'ai toujours aimé me faire remarquer.
Depuis que je suis petite, je suis petite.
Au sens propre.
Alors, pour que l'on ne me marche pas dessus,
au sens propre là aussi,
je fais le clown,
je parle fort,
je chante,
je danse.
J'ai même réussi à en faire mon métier
pendant presque dix ans.

Je vis sous le regard d'une mère
encadrée dans un cadre doré posé sur ma bibliothèque.
Afin de ne pas oublier ses traits,
figés à 59 pauvres années.
Je vis sous le regard d'un père
vivant mais absent,
aux réflexions parfois brutales,
que je ne peux souvent plus encadrer.

Avant, j'étais fêtarde.
J'arrosais n'importe quelle occasion.
Maintenant, j'arrose mes plantes.
Et je pense à ces gens généreux
qui accrochent leurs plantes de l'autre côté
de leur balcon,
pour que les autres les contemplent
sans qu'eux-mêmes puissent les admirer.

Ma vie d'avant est une mauvaise *telenovela*.
Puis j'ai rencontré Ben (Benjamin, les jours de conflit).
Ben, c'est mon téléfilm de Noël.
Sauf qu'il ne vit pas dans un ranch.
Et que moi, je ne tiens pas un magasin de cupcakes.
Il dit « chocolatine ».
Je dis « pain au chocolat ».
J'ai mis un peu de Méditerranée dans sa vie.
Il a mis du cassoulet dans la mienne.
On ne voulait pas d'enfants.
Alors on a eu deux chats pour commencer.
Puis deux humains pour continuer.

Depuis que je suis maman,
je culpabilise de m'acheter des vêtements.
Alors, je me rattrape sur la déco.

Je me dis que tout le monde en profite.
Je suis bourrée de contradictions.
Pour moi, un bon MacDo ne se savoure
qu'en mangeant bio.

Aujourd'hui, je déguste mes enfants.
Amers et sucrés.
Car je sais que si, pour l'instant,
nous sommes dans les couches,
d'ici quelques années
nous serons dans les au revoir.

Léo a un parapluie rouge.
Aaron a une paralysie cérébrale.
Ben et moi avons de l'inquiétude.
Des jours avec.
Des jours sans.
Pour nos enfants, que des jours J.

J'ai l'impression d'avoir eu mille vies.
Pourtant, je n'en retiens qu'une.
Celle de maintenant.
Alors je l'écris.
Parce que les écrits durent.
Mais aussi parce que je crois qu'écrire
aide à guérir de ses blessures.

Vie étudiante

J'ai toujours été une bonne élève.
J'ai le souvenir de ma mère et de ma tante
dans la voiture,
nous attendant sur le parking de l'école primaire,
ma cousine Cindy et moi.
Alors que je ramenais un 18,
d'un air espiègle ma mère me disait
que j'aurais pu avoir mieux.
Alors que ma cousine ramenait un 13,
d'un air satisfait sa mère lui disait
qu'elle ne pouvait pas rêver mieux.

Dit comme ça,
ma mère peut passer pour une femme autoritaire.
Qu'elle n'était pas en réalité.
Son air de commandante disparaissait vite
derrière un « bravo mon bébénou »,
enveloppé d'un gros câlin
et de beaucoup de bisous.

Quoi qu'il en soit,
sa première réaction restait dans un coin de ma tête.
Un peu comme quand tu oublies un camembert
dans un placard.
Tu ne le vois plus,
mais tu le sens toujours.
C'est à partir de là
que je suis devenue compétitrice,
et un peu perfectionniste.

L'année de troisième s'est terminée.
J'ai eu l'un des meilleurs résultats du brevet.

Mais quand tu te vantes d'avoir eu un bon résultat
au brevet,
c'est que la liste de tes prochains diplômes
n'est pas aussi longue qu'une liste de cadeaux de Noël
réalisée par un enfant de 3 ans.

Au lycée, j'ai suivi la filière scientifique.
Passionnée par la chimie.
À ce moment-là, je voulais travailler dans la recherche
et le développement pharmaceutiques.
Mais c'était surtout pour avoir des échantillons
gratuits de crèmes antirides à offrir à ma mère.

J'étais aussi passionnée par Marie Curie.
Bien qu'aujourd'hui, je préfère un bon poulet au curry.
Un jour, le lycée a reçu la petite-fille...
de Marie.
Pas du poulet !
Hélène Langevin-Joliot.
Pour l'occasion, mon prof de sciences a voulu monter
une pièce de théâtre retraçant les travaux
de Marie Curie et sa découverte sur la radioactivité.
Il y a eu des auditions.
J'ai auditionné.

Et qui s'est retrouvée devant Hélène Langevin-Joliot,
les caméras du journal régional
et tous les élèves du lycée Joliot-Curie,
à jouer un remake de cette découverte de 1898,
avec un lamentable accent polonais étouffé
sous un accent du Sud ?
Bibi.
Je crois que c'est là que je me suis dit :
« C'est ça que je veux faire : je veux faire rire les gens,
les impressionner et être applaudie. »

J'ai arrêté l'école un an après.
J'avais 17 ans.
Alors que mes copains passaient le bac,
moi je travaillais dans un resto sur la plage.
Les pieds dans le bac.
À sable.

Adolescente, mon côté rebelle
n'a pas rendu la vie belle
à ma mère.
Ni à mon beau-père.
Roger.
Qui aurait pu s'appeler Georges
puisqu'il a toujours vécu à Sète,
comme Georges Brassens,

et qu'il a plein de qualités.
Rien que pour ça, il aurait mérité un pluriel
à son prénom.

À 18 ans, je suis partie vivre et travailler à Londres.
Je suis rentrée quelques mois après
avec peu de mots anglais
mais un sérieux découvert.

J'ai enchaîné les jobs.
Les sorties.
Les appartements.
J'ai habité chez mon frère.
Chez ma sœur.
Chez une copine.
Chez une autre copine.
Chez moi, chez moi, chez moi...
Mon nom a été marqué sur tellement

de boîtes aux lettres,
que j'ai dû faire capoter plus d'un recensement.

Jusqu'à mes 21 ans,
l'âge où je me suis demandé :
« Mais qu'est-ce que tu fous, bordel ? »
J'ai donc tout quitté pour retourner vivre
chez ma mère.

Notre relation mère-fille
était assez conflictuelle depuis mes 17 ans.
Mais c'est à cette période que je me suis rendu compte
que j'avais vraiment besoin d'elle.
Un peu comme quand tu te casses le petit orteil,
que tu crois que ça va aller,
mais que tu réalises à quel point
tu en as besoin.
Dans n'importe quelles situations.

Un soir d'octobre 2014,
allongée sur mon lit,
dans ma chambre d'ado chez ma mère, à Sète,
je regardais un reportage de *Sept à Huit*,
à 18 h 20.
« Animateurs de clubs Villages Vacances,
toute l'année au soleil. »
Dans ce titre, il y avait beaucoup de mots
qui me plaisaient :
animateurs, vacances, soleil.
J'ai pris mon ordi et j'ai postulé.

Deux mois après, j'auditionnais pour un casting
à Paris.
Il fallait savoir chanter,
danser,
parler anglais.
Okay. Why not ?
J'ai été acceptée.

Et c'est comme ça que je suis rentrée, en janvier 2015,
à The Village.
L'école d'animation qui a changé ma vie.
En Aveyron.
Ah ben non, c'était pas pour tout de suite,
l'année au soleil !
Punta Cana attendra encore quelques mois.

L'animation

2015

Avant de pouvoir parcourir le monde
en tant qu'« animatrice club de vacances
toute l'année au soleil »,
il faut se former.
À mon époque, il y avait le choix entre deux écoles
spécialisées :
une en Bretagne,
une en Aveyron.
Le choix entre un bon gras kouign-amann
et un extensible aligot.
J'ai choisi la purée au fromage,
puisqu'elle était à deux heures de chez mes proches.

L'école The Village, c'est un peu comme la série
Un Dos Tres.
Des cours de danse, d'éloquence au micro, de théâtre,
de maquillage...
Mais sans Roberto, Pedro, Lola ou Silvia.
Plutôt avec Julie, Fanny, Martin et Louis.

J'ai donc passé mon premier diplôme en 2015 :
Animatrice polyvalente spécialisée club enfants,
chez SIBLU.
Après trois mois d'école, j'ai fait ma première saison.
En Charente-Maritime.
Je me suis vite rendu compte que je préférais
« polyvalente » à « enfants ».

Je suis donc retournée à l'école en septembre 2015
pour un nouveau diplôme,
plus approfondi.
C.A.L.A.S., Créateur d'ambiances ludiques, artistiques
et sportives.

En décembre,
youpi !
j'ai enfin réussi à avoir mon Noël sous les *sunlights*
des tropiques.
À Punta Cana.
Sans Gilbert Montagné.
Mais avec beaucoup de cocotiers.
Quelques mois plus tard,
je décollais pour Chypre.
L'objectif de passer l'année au soleil 
était enfin atteint.

2016

J'ai validé mon diplôme C.A.L.A.S.
Puis j'ai gravi les échelons de saison en saison.
À la fin, sur mon badge était inscrit :
« Responsable d'animation. »
En même temps, « Secrétaire médicale » n'aurait
pas été logique.
C'est donc comme ça que j'en suis arrivée
à gérer ma propre équipe.

Je faisais les saisons en France pendant l'été.
Les saisons à l'étranger pendant l'hiver.
Au soleil.
Toute l'année.
Ça y était.
J'étais dans mon reportage de *Sept à Huit*.

C'était mal payé, c'est vrai.
Mais je crois que c'est ma spécialité de faire des jobs pas très bien payés.
Quand on aime, on ne compte pas.
La preuve, je suis mère au foyer.
Et là, j'écris un livre,
loin d'être Virginie Grimaldi.

L'animation était le métier qui cochait toutes les cases.
Mes cases.
Le travail d'équipe. Le vrai.
Le sport.
Les répétitions.
Les spectacles.
Le public.
La notoriété dans le Village Vacances.
La dynamique.
L'intensité.
La polyvalence.

Dans une seule et même journée,
je pouvais donner un cours d'abdos-fessiers,
boire un café,
gérer un budget, des contrats,
boire un café,
recruter,
donner des cours d'anglais,
boire un café,
chanter *La Vie en rose* d'Édith Piaf,
danser un tango sur *Le Fantôme de l'Opéra*,
manager une équipe,
boire un café,
effectuer une danse du soleil autour de la grande piscine,

présenter une réunion d'information,
boire un café,
jouer au beach-volley,
fabriquer un décor de scène,
partir en excursion...
Puis, le soir,
faire un spectacle devant des milliers de personnes,
pour (enfin) remplacer le café
par un mojito *con mucho mucho azucar por favor.*

Fin 2016, je dois trouver que la liste n'est pas assez longue.
Alors j'y ajoute, sans le voir venir :
« Rencontrer l'homme de ma vie. »

La rencontre

Du côté de chez Camille

Ma saison d'été dans les Landes vient de se terminer.
Ça a été une saison très compliquée.
Je suis exténuée.
Une prochaine saison est déjà programmée
pour début décembre,
aux îles Canaries.
Il me reste donc environ deux mois pour récupérer.
Impeccable.

À cette époque-là, je fréquente un gars
pas très fréquentable.
Ce n'est pas un voyou, non.
C'est juste un con.
Le genre de mec bourré de qualités.
Égoïste, narcissique, égocentrique.
Il m'a fait tourner en bourrique toute la saison,
à coups de « Je ne peux pas me passer de toi »
et de « Je peux me passer de toi ».
Comme quoi, deux mots peuvent tout changer.

À ce moment-là, j'ai 22 ans.
Je suis encore fragile.
Alors je pense que je mérite cette relation.

À la fin de la saison donc,
je retourne chez ma mère.
Pour profiter enfin de mes proches.
Le garçon indécis réapparaît
et me propose de venir passer quelques jours

de vacances avec lui,
dans le Nord de la France.
Naïve,
je dis oui.
J'attends ce moment depuis six mois.

Je prends donc un billet de train pour le rejoindre.
L'aller seulement.
On ne sait jamais.
Le lendemain de mon arrivée, mon téléphone sonne.
FRAM.
L'agence de voyages avec laquelle je dois partir
pour les Canaries en décembre me propose
un remplacement d'urgence à Chypre.
Dans trois jours.
Je dis non.
Puisque je suis exactement à l'endroit où je rêve d'être
depuis six mois.

Trois jours après, je suis dans un avion.
Direction Chypre.
Apparemment j'ai dit oui.

Du côté de chez Ben

Parallèlement dans le monde de l'animation,
un jeune homme prénommé Benjamin,
que j'appellerai ici Ben,
finit sa saison d'été à Corfou.
Un jeudi, il s'envole direction Lyon
pour un retour en France de quelques heures...
Le vendredi, il doit décoller pour une nouvelle mission.
Direction la Crète.

Une légende raconte que son avion pour la Crète
serait parti plus tôt, sans lui.
La vraie histoire est qu'il s'est réveillé dans un hôtel
Ibis à 8 h,
pour un vol prévu à 6 h.

Ce jour-là,
énervé contre lui-même,
mais surtout contre FRAM d'avoir voulu le faire repartir
sans répit après sa première mission épuisante,
Ben loue une Twingo et rentre chez lui,
à Toulouse.

Au bout de trois heures de route,
il se rend compte que le réservoir de la petite voiture
n'a plus une goutte d'essence.
Déjà ?!
C'est la goutte de trop. 

Il s'agace.

À cet instant précis, FRAM le rappelle.
Ils viennent d'écouter ses multiples messages vocaux,
dans lesquels il leur annonce qu'il a troqué
l'Airbus direction la Crète
contre une Twingo direction Toulouse.
Sans leur laisser la possibilité de l'inculper,
il leur explique que c'est de leur faute
s'il ne s'est pas réveillé ce matin à Lyon :
il leur avait dit qu'il avait besoin de repos
avant d'enchaîner
mais ils ne l'avaient pas écouté.

Il tente alors un coup de poker.
Sans cartes, puisque ce n'est pas pratique de conduire
et de jouer en même temps.

Il leur dit de le rappeler si,
et seulement si,
sa prochaine mission doit se dérouler à Chypre.
Hôtel le plus convoité du moment.
Jackpot, ou plutôt quinte royale,
son téléphone sonne quelques jours plus tard :
Chypre acceptée.

Le jour du départ

30 octobre 2016,
Aéroport de Paris-Charles de Gaulle (Roissy),
très tôt le matin.
Je suis dans l'aéroport et pourtant je loupe presque l'avion.
Au téléphone avec ma mère,
écouteurs dans les oreilles,
j'entends dans les haut-parleurs :
« Mlle MARTI CAMILLE EST ATTENDUE POUR LE VOL NUMÉRO XXXX, décollage imminent. »

Panique totale.
Je raccroche en criant :
« Putain c'est moi ! Le vol, je suis à la bourre maman ! Putain ils m'appellent ! »

Je me rends telle une V.I.P. jusqu'à mon avion
direction Chypre.
Accompagnée au pied du bolide,
directement sur le tarmac,
dans une voiture.
Je monte dans l'avion.
On m'applaudit.
Sur le moment, ça m'a donné envie de recommencer,
mais on aurait fini par être vraiment en retard.

À partir de cet instant,
Ben et moi avons deux versions différentes.
Mais la vraie est celle qui va suivre.
La mienne.

C'est là que je le vois.
Il porte un casque.
Pour la musique,
pas pour la moto.
Sinon il serait un Daft Punk.
Une casquette est posée sur sa belle chevelure courte
légèrement ondulée.
Je m'assois à côté de lui.
Je lui dis timidement :
« C'est toi Ben, l'animateur pour Chypre ?
- Oui, et toi c'est Camille, c'est ça ?
- C'est ça !
- Belle entrée !
- Oh je te remercie. »

Aérophobe, j'espère être rassurée par ce bel
et grand bonhomme, alors je lui lance :
« J'ai super peur de l'avion, je stresse un peu. »
Loin de me réconforter, il me répond :
« Moi aussi, c'est pour ça que j'ai pris une grosse
caisse hier soir, pour dormir tout le long. »
Il remet son casque.
Et écoute très fort un son de Sexion d'Assaut.
Pour son attitude mais surtout pour ses goûts musicaux,
je pense très fort : « Non mais c'est quoi ce plouc ? »

Dans cet avion, il y a beaucoup de passagers.
Deux d'entre eux n'étaient pas prévus sur ce vol
quelques jours auparavant.

Ben est ma belle coïncidence.
Mais ça, je ne le sais pas encore.
Lui non plus.
Puisqu'il dort.
Profondément.

La suite logique

Depuis ce 30 octobre 2016,
on ne s'est plus jamais quittés.
Mais le travail, ce salaud, nous a séparés.
Cent jours.
Sans lui.
Il est resté sur l'île d'Aphrodite et je suis allée aux Canaries.
Ce n'était pas la porte à côté.
Heureusement, nous avions la 4G.

À la fin de nos saisons respectives,
nous nous sommes enfin retrouvés.
En mars.
Le 12.
À Toulouse.
Et tout s'est enchaîné.
J'ai rencontré sa famille, ses amis.
Il a rencontré les miens.
Quinze jours après nous commencions une nouvelle saison.
Ensemble.

Pour cette saison, nous étions logés dans un 17 m^2.
17 m^2 c'était faire pipi la porte ouverte.
17 m^2 c'était discuter l'un sous la douche,
l'autre en train de cuisiner.

17 m^2 c'était manger et dormir dans la même pièce.
17 m^2 c'était presque trop grand pour nos deux corps fusionnés.

Deux mois après, Ben m'a demandée en fiançailles.
Deux ans après, on s'est mariés.
Quatre ans après, on a eu notre premier bébé.
Six ans après, notre deuxième bébé.

Pour nous, rien n'allait vite.
Je savais que c'était lui.
Il savait que c'était moi.
Un peu comme quand tu es gamin
et que tes parents veulent t'acheter un chiot.
Ils t'emmènent dans une animalerie.
Tu les regardes tous.
Un à un.
Puis tu sais.
Tu sais que c'est celui-là, là-bas, caché derrière les autres, que tu veux.
Celui que tu n'attendais pas.
Celui qui ne t'attendait plus.
Tu sais que tu vas t'investir pour lui.
Pour toute la vie.
En années chien, c'est pour 15 ans.
Au mieux.
Mais en années Ben, c'est pour l'éternité.
Amoureux.

Il n'y a pas un jour où je doute de nous.
Peut-être parfois le mercredi,
quand il oublie de sortir la poubelle jaune
alors qu'elle est pleine à craquer.
Sinon, jamais.

∞

2019, fin de l'animation

Une des décisions les plus douloureuses de ma vie
a été d'arrêter les saisons dans l'animation.
J'avais 27 ans.
Ben 29.
Et il commençait à sérieusement perdre ses cheveux.

L'animation est le plus beau des métiers
quand tu es jeune.
Tu fais le tour du monde.
Les équipes tournent, alors tu rencontres
une multitude de personnes.
Tu tournes sur scène.
Tu fais des tours du parc en buggy.
Le soir, tu fais la tournée des bars.
Mais je crois qu'on avait fait le tour.
On commençait à tourner en rond.
Alors on a arrêté de tourner autour du pot.
(Je n'ai plus d'idées avec le mot tour.)

L'animation, c'est quatre-vingt-dix heures par semaine.
Avec un jour et demi de repos.
C'est être coupée du monde
pour vivre sa plus belle expérience professionnelle.
Mais.
C'est être loin de ses proches.
C'est louper les repas de Noël en famille.
C'est louper les anniversaires de ses copines.
C'est louper les mariages de ses cousines.
C'est louper les ferias de Dax, la Saint-Louis à Sète...
C'est vivre dans un looping à 100 km/h,
en loupant tout.

La trentaine approchait.
Surtout pour Ben.
Moi, j'étais encore fraîche.
On était fatigués.
On voulait se poser.
Se reposer.
Retrouver la sensation de s'affaler sur un canapé
le soir,
et la télévision.
Même les pubs nous manquaient.

Cet été-là, je savais que c'était la dernière saison.
Et je crois que le timing était bon
car, quelques mois plus tard,
une petite pandémie allait toucher le monde entier. 

Toulouse

C'est là que nous avons décidé de nous installer.
Ben et moi.
Définitivement.

Il faut savoir que les toulousains sont très chauvins.
Ben est toulousain.
Et je pense que c'est à cause de ça qu'il est chauve.
Bon, sa mère est encore plus chauvine que lui,
mais a toujours des cheveux.
C'est sans doute l'exception qui confirme la règle.

Vivre à Toulouse c'est manger beaucoup de saucisse
de... Toulouse.
Et de cassoulet.

Être toulousain, c'est aimer trois choses :
Toulouse,
la bière,
et le rugby.
Aujourd'hui j'adore les deux premiers.
Mais je ne comprends vraiment rien aux règles
du dernier.

Puis ce qui est pratique,
ce sont les anniversaires et les Noëls.
Quand tu ne sais pas quoi offrir à un Toulousain,
tu lui prends un livre sur l'histoire de Toulouse,
un quizz sur la ville rose
(je vous jure que ça existe, Ben en a un),
un cadre avec une photo d'un pont toulousain
(surtout pas un pont bordelais)
...

Tout ce qui contient le mot Toulouse leur fait plaisir.
Une année, Ben et son frère jumeau ont fait graver
une brique du Stade toulousain pour leur mère.
Avec son nom.
C'était le plus beau jour de sa vie.
Je me suis alors demandé quel bonheur
cela me procurerait
si l'on m'offrait un échantillon de sable de la mer ??
Méditerranée.
Mais je m'égare...

Pendant notre dernière saison d'animation,
la mère et le beau-père de Ben
ont rénové un appartement pour que l'on puisse
s'y installer à notre retour.
C'était cosy et ultra tendance.
Il y avait du parquet,
une verrière,
une douche à l'italienne qui ne distribuait pas de glace
à l'italienne par contre.
C'était notre premier chez-nous.
Je crois que pour ça,
et pour tout le reste,
on ne les remerciera jamais assez.

On s'est complètement meublés en quinze jours.
Apparemment, l'impatience est le point commun
entre un Toulousain et une Sétoise.
J'avais l'impression que l'on bossait
pour Valérie Damidot.
Dans *D&CO.*
Mais on a réussi.
Et on a pris un beau canapé rose.
Pour vivre dans la belle ville rose.

Bon, je l'ai revendu quelques mois après,
puisque je change de déco comme d'avis.
Mais nous avons des chaises roses aujourd'hui.
Ce qui ne sera peut-être plus le cas quand vous lirez ces lignes.

2020

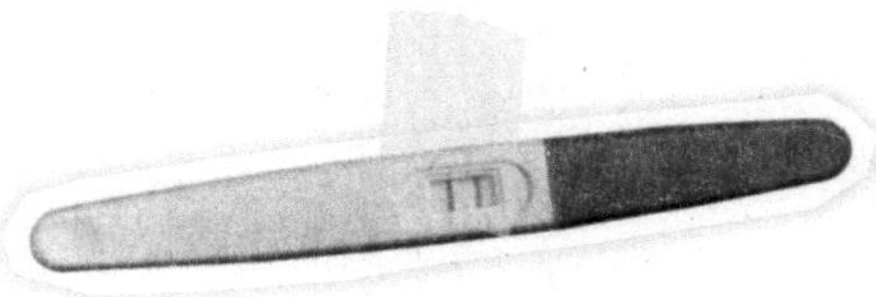

T'as envie d'un bébé, toi ?

Avec Ben, nous avons adoré être confinés.
Étant donné que ça faisait des années que nous étions libres,
et crevés,
un peu de repos ne nous a pas abîmés.

Nous avons fait du sport.
Des recettes avec et sans Cyril Lignac sur M6.
Des apéros avec ou sans FaceTime.
Des attestations pour aller faire les courses.
Des attestations pour promener le chien
dans un rayon de 1 km.
Mais sans chien.
Des attestations pour aller travailler.
Puisqu'entre temps, j'avais signé un C.D.I.
chez Maisons du Monde.
Et Ben chez SIXT.

Un week-end d'été,
alors que le président nous avait autorisés à ressortir de nos grottes,
ma sœur et sa fille de 3 ans sont venues à la maison.
Il y avait soudain de la vie dans notre petit appartement toulousain.
Cette vie-là grimpait et courait partout,
ne dormait pas beaucoup.
Il fallait l'essuyer quand elle faisait caca,
la divertir,
la faire dormir,
la faire manger,
la laver...
Puis la vie est repartie.

Elle est retournée à Sète.
Et on s'est retrouvés seuls dans notre bel appartement,
bien décoré,
mais bien trop calme.

C'est à ce moment-là,
entre une bière et des chips 3D,
que l'on s'est dit :
« T'as envie d'un bébé, toi ? »

On en a discuté toute la soirée.
On riait comme deux bécasses.
Comme deux enfants inconscients qui prennent une décision encore plus inconsciente.
Ce qui était le cas.

Avec Ben,
il peut nous falloir trois mois pour choisir la couleur d'une nouvelle cafetière.
Mais il nous a fallu une seule soirée pour savoir que l'on voulait devenir parents.

OUI NON

L'attente du bébé

J'ai fait partie de ces femmes
qui pensent que l'on tombe enceinte dès l'arrêt
de la pilule.
Fake news.

J'ai arrêté la pilule en juillet 2020.
Après treize ans de prise journalière.
Hors week-ends et jours fériés,
quand je l'oubliais.

J'ai eu mes règles quelques jours après l'arrêt.
Puis plus rien.
Pendant deux mois.
Je pensais que j'étais enceinte.
Mais les tests de grossesse disaient le contraire.

Je m'inquiétais.
Alors j'ai installé WeMoms puis Fermometer®.
Mais installer ces deux applications quand tu essayes
d'avoir un bébé,
c'est un peu comme regarder Doctissimo quand tu as
mal quelque part.
Soit, pas la meilleure idée.

Je discutais avec des femmes qui essayaient
depuis des mois.
Voire des années.
Alors, avec mes deux mois d'arrêt de pilule,
j'étais ridicule.
Et toujours inquiète.

Je faisais pipi tous les jours sur des petites
bandelettes censées me dire si j'étais en période
d'ovulation.
Mais les bandelettes étaient incompréhensibles.
Illisibles.
Pourtant je faisais pipi du bon côté.
Enfin, je crois.

Ce que j'ignorais,
c'est que quand tu prends la pilule pendant treize ans,
ton corps a besoin d'un peu plus que deux mois
pour comprendre ce qu'il lui arrive.
Mon corps ne comprenait donc plus rien.
Et moi je ne comprenais rien à ces bandelettes.

C'est généralement pendant cette période
de conception
que tes copines,
ta belle-sœur,
ta voisine,
tombent enceintes.
Bon, ma voisine attendait des jumeaux,
alors je l'enviais peut-être un peu moins.

Pendant cette période,
tu te sens vraiment comme cette personne
qui attend la nuit des étoiles filantes durant des mois,
et qui finalement est la seule à ne pas en voir.

Avec Ben,
on s'est rendu compte que ça commençait
un peu,
beaucoup,
à tourner à l'obsession.
Physiquement pour lui.

Psychologiquement pour moi.
J'ai alors supprimé les applications
et arrêté d'essayer de viser avec mon pipi
tous les matins.

Et je détestais quand on me le disait.
Je détestais quand je le lisais.
Mais je vais quand même l'écrire.
Et vous allez me détester.

Mais.
Je suis tombée enceinte
quand nous n'y pensions plus.

Malheureusement au moment
où ce n'était pas le moment.
Car je ne le savais pas encore,
mais j'étais sur le point de vivre
la plus tragique des coïncidences.

Ma première mauvaise coïncidence

En 2012, ma mère a eu un cancer du sein.
Qu'elle n'a pas vu à temps.
Ou plutôt qu'elle n'a pas ressenti à temps.
Puisque le cancer est fourbe.
Il ne se voit pas.

Elle a dû subir une ablation.
Elle a dû vivre ainsi avec un sein en moins.
Mais comme si cela ne suffisait pas,
avec des métastases osseuses en plus.

Elle était suivie tous les six mois.
Sous hormonothérapie.
Ça a marché.
Stable.
Pendant presque huit ans.

En mars 2020,
les médecins lui annoncent que ses résultats ne sont pas bons.
Rechute.

Une crise sanitaire mondiale se déclenche
au même moment.
Certains de ses rendez-vous sont annulés.
D'autres se font en visio.
Ce qui est sûr, c'est que son suivi n'est plus
aussi qualitatif.

Ils veulent essayer un nouveau traitement.
Puis trouvent de nouvelles tumeurs.

À l'été 2020, je demande une rupture conventionnelle à mon employeur.
Afin de pouvoir descendre plus souvent chez ma mère et mon beau-père.
Un peu pour les aider.
Beaucoup pour profiter d'eux.

Le 3 décembre 2020, les résultats de ma mère sont catastrophiques.
Je suis en haut, dans ma chambre d'ado,
quand j'entends son téléphone sonner.

Hospitalisation d'urgence.
COVID-19 oblige,
aucun accompagnant n'est autorisé à dormir sur place.
Alors je rentre chez moi, à Toulouse,
après avoir déposé ma mère à l'hôpital.

Le 4 décembre au matin,
je me réveille aux côtés de Ben.
Il se lève en premier pour aller faire couler nos cafés.
Je me lève en second pour aller faire couler mon pipi.

Dans les W.-C., je vois mes anciennes bandelettes d'ovulation.
Je compte sur mes doigts.
J'ai du retard.
Je fais un test de grossesse.
Positif en deux secondes.
Je refais un test de grossesse.
Positif en deux secondes.
Je fais un test d'ovulation (aucun intérêt, on est d'accord).
Lui aussi, positif en deux secondes.

Je sors des W.-C.
Je jette les trois tests à Ben.
Ils atterrissent entre nos tasses à café et notre machine Senseo.

Quelques minutes après, mon téléphone sonne.
Ma mère.
Alors que je viens d'apprendre que je porte la vie, les médecins viennent de lui apprendre qu'elle va perdre la sienne.

À partir de ce 4 décembre 2020,
je dois me préparer psychologiquement à perdre deux choses :
mes abdos que je viens à peine de découvrir grâce au confinement,
et ma mère.

Emprisonnée entre un merveilleux bonheur
et une tragique épreuve.
Je pense alors avoir atteint le pire en termes de mauvaises coïncidences.
Loin de m'imaginer que cela se renouvellerait, dans deux ans.

Deux ans plus tard

L'envie du deuxième

Plus jeune,
si on m'avait dit qu'adulte
j'aurais un enfant,
je ne l'aurais jamais,
JAMAIS,
cru.
Alors deux...
Impossible.
Je faisais partie de ces femmes
terrorisées par la grossesse
et par l'accouchement.

Depuis mes 10 ans,
je n'ai pas grandi.
Merci mes règles.
1 m 47.
À vie, donc.
1 m 47 et enceinte,
ça ne va pas dans la même phrase.
Ce n'est ni ergonomique,
ni physiologique.
Alors merci,
mais non merci.

Par contre, je m'imaginais avoir une famille.
Je croyais fort en l'adoption.
Et je pensais fort aux hippocampes,
chez lesquels le mâle assure la gestation.
Ou aux crapauds,
qui sont des accoucheurs professionnels.
Quoi qu'il en soit, les choses évolueraient,
et je ne porterais pas de bébé.

Aujourd'hui, en 2024,
il y a des robots chirurgiens
capables d'opérer avec une précision de l'ordre
d'une demi-épaisseur de cheveu ;
il y a des types chauves
qui peuvent avoir la tignasse d'Afida Turner ;
il y a des astronomes
qui découvrent des milliers d'exoplanètes.
Mais pas l'ombre d'un mec enceint à l'horizon...

Bref.
La science ne m'a pas aidée.
Et je ne me suis pas mariée avec un hippocampe.
Alors j'ai finalement eu un enfant.
Que j'ai mis au monde.
Moi-même.
En 2021.

Il est passé de dedans à dehors.
D'un mini-studio meublé
à l'immensité.
Sans mon accord.
Sans mon avis.
Sans préavis.

Et l'arrivée de ce petit être,
aussi extrême soit-elle,
a emporté avec elle
toutes mes craintes.

J'ai adoré accoucher.
Je pourrais accoucher tous les jours.
Enfin...
Pas tout à fait.
Mais presque.

Tu vois ce moment ?
Puissant d'adrénaline.
Comme un saut en parachute.
Je n'ai jamais sauté en parachute,
et je ne sauterai jamais en parachute,
mais je suppose que c'est un peu pareil.
Terrifiant.
Vertigineux.
Intense.
Libérateur.

Alors pour ça,
mais surtout pour le reste,
nous voulions un deuxième bébé.

Surtout parce que la vie,
quelques mois auparavant,
m'avait fait comprendre qu'Aaron avait besoin
d'un nouveau pilier.
Autre que nous,
ses parents.

Mon frère et ma sœur ont été les miens.
Depuis la tragédie.
Avec d'autres personnes bien sûr.
Mais eux seuls ont été amputés du même membre
que moi.

Aaron allait être grand frère.
C'était décidé.
Cependant, j'étais perplexe.
Je l'allaitais encore.
Je ne savais pas si c'était possible
d'avoir un deuxième bébé sans avoir eu le retour
de couches du premier.

Pour savoir si mon corps était capable d'accueillir
un deuxième bébé,
mon médecin m'avait prescrit une prise de sang.
Un peu comme quand tu fais le contrôle technique
de la voiture.
Sauf que là c'était celui de mon corps.

Le lendemain matin,
jeudi 10 juin 2022,
je faisais cette prise de sang.
Avec Aaron.
Ben était au travail.

Aux alentours de midi (Aaron dormait),
je recevais un mail du laboratoire d'analyses
médicales.
Mes résultats étaient arrivés.

Je m'attendais à lire que je manquais un peu de fer.
Un peu de vitamine C.
Je m'attendais un peu à tout.
Sauf à attendre,
déjà...
un deuxième bébé !

Mais comme apparemment, dans mon existence,
chaque bonne nouvelle s'ensuit d'une mauvaise,
j'allais encore devoir vivre celle-ci
le souffle coupé.

Ma deuxième mauvaise coïncidence

Aux 9 mois d'Aaron,
nous prenons la décision de changer de médecin traitant.
Celle que nous avions était trop
expéditive,
évasive,
insuffisante,
en retard.

Très,
trop
renseignée sur le développement de l'enfant,
je me pose des questions sur celui de mon bébé.
9 mois.
Ne se retourne pas.
Ne pointe pas du doigt.
N'imite pas.
Ne babille pas.
Ne s'assoit pas.
Ne rampe pas.
Finalement beaucoup de pas.
Et très loin de faire ses premiers pas.

Mais nous ne sommes pas inquiets.
Surtout pas.
Une tragédie est déjà arrivée.
Nous sommes protégés.
Nous pensons seulement que notre enfant a besoin d'un petit coup de pouce.
De séances de kiné.
Ou d'orthophonie.

La nouvelle docteure est très attentive
au développement d'Aaron.
Elle lui prescrit des séances de kiné.
Ce qui nous paraît amplement suffisant
pour que notre fils rattrape son « petit » retard.
Mais elle y ajoute
une radio des hanches.
R.A.S.
Un rendez-vous O.R.L.
R.A.S.
Un rendez-vous chez une allergologue.
R.A.S.
Un rendez-vous chez un ophtalmologue.
Léger strabisme.
À surveiller.

Moyen de protection sûrement,
Ben et moi nous accrochons
au fait que chaque enfant va à son propre rythme.
Étant très objectifs,
on se dit même qu'il ne peut pas être
si beau,
si mignon,
si exceptionnel,
et faire tout le reste en même temps.

Le côté très rassurant chez notre bébé,
c'est qu'il a une interaction sociale.
Plus.
Plus.
Plus.
Il cherche les regards.
Il sourit.
Il écoute.
Il aime.

Il entend.
Il rigole.

Le seul problème,
c'est son corps.
Timide.
Sauvage.
Éteint.

Un mois après ce rendez-vous,
j'apprends qu'un autre corps
s'est blotti à l'intérieur de mon ventre.
Puis nous retournons chez notre médecin
pour le rendez-vous mensuel d'Aaron qui a 11 mois.

Elle est toujours très attentive à son développement.
Elle l'examine.
Minutieusement.
Elle,
qui n'a jamais été alarmiste jusque-là,
l'est,
maintenant.

Elle nous parle de C.A.M.S.P.
De P.C.O.
D'handicap.
Je crois qu'on entend « handi ».
Puis on lâche le cap.

Je me rappelle lui dire,
mot pour mot :
« Si vous pensez que notre enfant est handicapé,
j'ai besoin de le savoir. Je ne peux pas garder
ce deuxième bébé. Je dois me consacrer à Aaron. »

Mais c'est surtout de sa réponse que je me rappelle : « Je comprends. Si je peux vous donner un conseil : imaginez-vous le pire. Et réfléchissez à vos capacités en fonction de ce pire. »

Les deux cents mètres du retour en paraissent trois mille.
Ben et moi sommes lourds.
D'inquiétudes.
De larmes.
De tristesse.
Le ciel vient de nous tomber sur la tête.

Aujourd'hui, avec du recul, je comprends le raisonnement de notre médecin.
Le pire ne nous était peut-être pas réservé.
Mais nous devions imaginer l'ampleur de nos capacités.
De nos forces.
Dans ce pire.
Si...
S'il devait être...
handicapé.

☑☑☑☑☐

C.A.M.S.P. et P.C.O., quèsaco ?

Quelques jours après ce rendez-vous,
j'ai reçu un message sur ma boîte mail.
De : PCO TND 31 >
Nous informant que notre enfant leur avait été
adressé par notre médecin.

Nous n'étions au courant de rien.
L'ouverture de ce mail
et la lecture de leur brochure en pièce jointe
n'ont fait qu'alourdir
le poids du ciel qui venait de nous tomber sur la tête.

Nous nous rappelions que notre médecin
nous avait parlé de deux centres.
Aux deux appellations bien distinctes.
C'était quoi déjà ?
P.C.O., ok.
Mais l'autre ?
CAMPUS quelque chose.
CAMP ROCK ?
Ah non, ça c'est un film sur Disney Channel.
Ah oui.
C.A.M.S.P.
Qui se prononce CAMPSSS.
Mais qui s'écrit CAMSSSP.
C'est un peu con.
Ce n'est pas compliqué à dire C-A-M-S-P.
C'est juste compliqué de s'y projeter.

Je me souviens avoir survolé la brochure.
Mes yeux n'étaient alors attirés,
comme des aimants,

que par les mêmes mots :
« Handicap. »
« Trouble du neurodéveloppement. »

Plus j'avançais dans cette brochure,
plus je sentais une boule se former dans ma gorge,
et si je clignais des yeux,
je prenais le risque de faire perler de l'eau salée
sur mes joues.
J'étais oppressée.
Par la peur.
L'incompréhension.
La colère.
La rage.
Comment pouvait-on inscrire un enfant
dans un tel système,
sans l'accord des parents ?

Nous avons pris un rendez-vous d'urgence
avec notre médecin.
Il y avait forcément un malentendu.
Ou une maladresse.

Nous n'étions pas très agréables.
Cela ne nous ressemblait pas.
Mais c'était notre enfant.
Notre bébé,
qu'elle venait d'inscrire sur une plateforme
pour enfants handi...
Alors comment être commodes ?
Il ne s'agissait pas d'une commode inscrite
à une vente aux enchères !
On parlait de notre bébé !

Et pourquoi cet adjectif était écrit partout
sur ce site ?
Handica...
Impossible !
Un adjectif qualificatif,
c'est un mot utilisé pour marquer les qualités
de quelqu'un.
Il donne une caractéristique au sujet.
Mais moi je ne voulais pas de celui-là
pour définir mon sujet.
Mon fils.

Elle était désolée.
Elle pensait vraiment nous rendre service.
Car les délais sont longs.
Très longs.
Mais nous, à ce moment-là, on s'en foutait
que les délais soient longs.
Puisque, pour qu'il y ait un délai,
il fallait qu'il y ait un début.
Et ça, on le refusait.

On n'était pas encore en état.
Pas encore prêts.
Notre plaie était toujours à vif.
Ça ne servait à rien de nous dire de la protéger
alors qu'elle n'était même pas désinfectée.

Mises en place en 2019, les **P.C.O.**, ou Plateformes de coordination et d'orientation, ont pour objectif de permettre aux familles d'avoir accès à des soins et rééducations par des professionnels le plus tôt possible, sans attendre d'avoir un diagnostic complet.
En garantissant une intervention précoce, les P.C.O. cherchent à éviter le « surhandicap » et aident ainsi au cheminement vers le diagnostic.
Les P.C.O. sont destinées aux enfants de 0 à 12 ans ayant des troubles du neurodéveloppement.

Un **C.A.M.S.P.**, ou Centre d'action médico-sociale précoce, est un service social destiné au dépistage, au diagnostic, au traitement, à la rééducation et au suivi des enfants de 0 à 6 ans présentant un handicap. Un C.A.M.S.P. est composé d'une équipe pluridisciplinaire médicale, paramédicale et éducative.

Le cocktail Molotov

Différents ingrédients
composaient notre état du moment.
Choc.
Déni.
Colère.
Tristesse.
Les classiques étapes d'un deuil finalement.
Deuil de l'enfant.
Classique.
Nous étions encore loin
de la résignation.
De l'acceptation.
De la reconstruction.

De plus, nous ne savions pas ce qu'avait Aaron.
Ce qui laissait la possibilité à,
à peu près,
tout.

Dans ce tout,
forcément on ne s'imagine pas le moins grave.
Non,
on se renseigne sur le tout de la section « très grave ».
Tant qu'à y être.

Une maladie génétique.
Rare.
Dégénérative.
Qui emportera notre fils,
à l'aube de ses 4 ans.

Je pleurais.
Tous les jours.
Mais je continuais de chercher sur Internet.
Des réponses à des questions
que je n'avais même pas.

J'appelais ma belle-mère.
Tous les jours.
Ou plutôt l'inverse,
puisque c'est elle qui prenait de mes nouvelles.
Tous les jours.
Depuis que j'étais devenue maman.
Sans maman.

Sans cesse en train de me rassurer.
Ce qu'elle faisait très bien.
Alors que je savais qu'à l'intérieur,
elle était tout aussi inquiète que nous.
Mais elle a toujours eu ce don,
de trouver les mots
pour chacun de nos maux.

Le genre de femme qui,
si elle participait à *Motus*,
gagnerait.
C'est sûr.

En même temps, Madame Culpabilité
n'oubliait pas de se manifester tous les jours.
Dame qui, d'ailleurs,
aurait mieux fait de s'occuper d'une partie
de son corps,
qui commence par la première syllabe de son nom.

Culpabilité qui me faisait repenser à ma grossesse.
À ce que j'avais fait vivre à mon bébé.
À toute ma souffrance.
Mon inquiétude.
Mes tremblements.
Mon manque d'air.
Cette tragédie.
L'avait-il vécue par procuration lui aussi,
lorsqu'il était blotti au fond de moi ?

« Forcément qu'il aura des séquelles.
C'est impossible qu'il s'en sorte indemne. »
C'est ce que l'on se disait.
Sans cesse.
Avec mon Ben.

Le bilan

Été 2022,
une amie me conseille une neurologue.
Assez réputée.
Je prends tout de suite rendez-vous.
Pour le 7 juillet.

Quelques jours plus tard,
j'écoute le podcast sur la maternité.
La Matrescence.
Épisode 87.
Tout comprendre du développement psychomoteur
de l'enfant.
Marion Leuger – Psychomotricienne.

L'interviewée est psychomotricienne,
et très encourageante:
Elle habite à Albi.
Impeccable.
Ce n'est pas très loin.
Je l'appelle.
Elle me conseille de rencontrer une psychomotricienne
plus proche, à Toulouse.
Je prends rendez-vous.
Pour un bilan.
Le 6 septembre 2022.

Notre bilan à nous,
du moment :
Mariés.
Inquiets.
Un enfant de 1 an.
Dehors.

Un enfant de 2 mois.
Dedans.

Un enfant de 1 an,
qui n'a finalement pas la santé.
Alors que je suis quasiment sûre
que c'est ce que l'on s'était souhaité,
le 1er janvier 2022.
« Bonne année, l'argent, le bonheur. Mais surtout,
la santé. »
Souhait qui finira dans la poubelle,
à côté du traditionnel muguet du 1er mai
(mais l'histoire du muguet, j'y reviendrai plus tard).

Un enfant de 2 mois,
dedans,
qui vit comme son frère
quelques mois plus tôt,
l'angoisse d'une mère.
In utero.

Le podcast **La Matrescence** est présenté par Clémentine Sarlat. La « matrescence », c'est la contraction des mots maternité et adolescence, pour expliquer la naissance d'une mère. C'est le processus que vit une femme au moment de devenir mère, que ce soit sur le plan physique, émotionnel, neurobiologique ou hormonal. La « patrescence » existe aussi. Dans ce podcast, on y découvre des experts et des parents, pour mieux comprendre le monde dans lequel on vit, à travers cette incroyable phase qu'est la construction d'une famille.

La neurologue fonctionnelle

Après nous être pris un énorme coup de massue
sur la tronche,
nous rencontrons la neurologue.
Assez réputée.
Réputée,
d'après certains parents.
Non réputée,
d'après certains médecins.
Ses pratiques non conventionnelles
font qu'elle n'est pas spécialement appréciée
par ses confrères.

Dès la première rencontre,
elle nous rassure.
Aaron a alors 1 an.
Nous dit de faire confiance à notre bébé.
De lui laisser le temps.
Et de ne surtout pas l'inscrire à ces soi-disant
C.A.M.S.P.,
P.C.O.,
ou toute autre plateforme.
Afin d'éviter de lui coller une étiquette.
Étiquette qui gratte tellement qu'elle provoque
de grosses plaques rouges.
Étiquette que l'on déteste.
Étiquette d'handicapé.

Nous nous rangeons donc dans son camp.
Hors C.A.M.S.P.

Je lui fais part de ma grossesse.
De ma mère.
De notre histoire.
De mon placenta qui avait été examiné après l'accouchement.
Et qui était revenu avec une anomalie.
Une malperfusion placentaire.

Elle m'explique que tout est lié.
Que mon bébé a souffert
pendant cette grossesse tragique.
Qu'à un moment donné,
mon bébé a dû manquer d'oxygène.
Ce qui me fait mal,
mais qui ne m'étonne pas.
Comment bien oxygéner mon bébé,
alors que moi-même je manquais d'air ?

Avec du recul,
ce jour de juillet 2022,
elle a compris en une séance
ce que les autres médecins trouveront
grâce à une I.R.M.,
deux ans plus tard.

Nous la voyons désormais une fois par mois.
Environ.
Médecin non conventionnée,
ses séances sont à 240 €.
Leur prix nous fait un deuxième trou,
aussi gros que celui de la sécu.
Mais pour notre bébé
on accepte de se transformer en passoires.

Les séances se déroulent toujours de la même façon.
Tout le monde pieds nus.
D'abord, elle observe Aaron.
Ensuite, elle me pose des questions.
Elle veut que l'on discute uniquement de ses progrès.
De ses actes acquis.
Non de ses actes manqués.
Jamais de négatif.
Ou d'inquiétude.
Surtout s'il est dans la même pièce.

Puis vient le moment de la manipulation.
Qu'elle ne veut pas que j'appelle « manipulation »,
mais « acte médical ».
Acte qui consiste à
manipuler mon bébé.
Dans tous les sens.
Avec sa collaboratrice.
C'est assez impressionnant.
Pire.
Traumatisant.
Pendant 45 minutes.
Aaron hurle.
Et moi j'hurle de l'intérieur.

Parfois, elle a besoin de mon aide.
Pour le maintenir.
Sous ses ordres.
Je tiens ses petites jambes.
Ma main posée sur ses genoux.
Ah non.
Pas comme ça.
Ici !
Sous ses ordres.

Je retourne m'asseoir.
Sous ses ordres.
Je reviens pour maintenir ses petites mains.
Sous ses ordres.
Je retourne m'asseoir.
Non.
Pas si près.
Sous ses ordres.
Je recule ma chaise.

Malgré son air autoritaire,
et ses remarques parfois culpabilisantes,
je reste persuadée
qu'elle a beaucoup apporté à Aaron.
Neurologiquement parlant.

Mais elle aura provoqué chez lui,
et un peu chez moi,
un traumatisme.
Celui des blouses blanches.
Dont elle se désolidarisait.
Entièrement.

Elle me reprochait de l'avoir amené
chez un ophtalmologue.
Me disant que le SKIACOL qu'il lui avait mis
dans les yeux avait aggravé son strabisme.
Elle m'a dit d'annuler tous les prochains rendez-vous
avec cet ophtalmologue.
Ce que j'ai fait.
À la place, elle m'a dit d'aller voir une optométriste.
À Luchon.
Ce que j'ai fait aussi.

Plus tard,
elle me reprochera de m'être fait vacciner enceinte,
contre la grippe.
Et de l'avoir transmise à mon bébé.
Elle me reprochera de m'être fait vacciner enceinte,
contre le COVID-19.
Et d'avoir sûrement un traceur dans le bras.

Ça en sera trop pour moi.
La seule info que mon soi-disant traceur pourra
donner ensuite,
c'est que nous serons partis de son cabinet,
et que nous ne serons jamais revenus.
Car ni Aaron,
ni moi,
ne voudrons les revoir.
Elle et sa blouse blanche.

Qu'est-ce que la neurologie fonctionnelle ?

La neurologie fonctionnelle s'intéresse à la fonction du système nerveux et tout particulièrement au cerveau. L'objectif de cette approche – développée par le professeur Frederick Carrick, un chiropraticien américain – est de déterminer si les troubles de la santé présentés par un patient sont dus à des déficits fonctionnels du cerveau ou du système nerveux.

Le programme de soin consiste en une série de stimulations qui peuvent être sensorielles ou physiques, actives ou passives, simples ou complexes.

La neurologie fonctionnelle s'adresse aux patients souffrant d'atteintes cérébrales ou de troubles du neurodéveloppement, tels que :

- Dyspraxie
- Dyslexie
- Troubles envahissants du développement (T.E.D.)
- Troubles du développement moteur chez le nourrisson et l'enfant
- Troubles de la concentration et de l'attention
- Troubles de la coordination motrice et temporo-spatiale (I.M.C. ou Infirmité motrice cérébrale...)
- Maladie de Parkinson
- Séquelles neurologiques liées à un A.V.C.

La psychomotricienne

Elle m'avait été conseillée.
Comme on te conseille un risotto aux champignons au restaurant.
Je m'attendais donc à savourer ce moment.
Mais je n'allais pas manger à ma faim.

Première séance :
elle remplit tout un questionnaire à notre sujet.
Puis observe notre bébé.
Rapidement.

Aaron a 14 mois.
Il ne fait pas grand-chose.
Hormis être l'enfant le plus mignon du monde.
Mais apparemment,
être mignon ne fait pas partie des cases à cocher sur sa tablette tactile.

Elle manque un peu de tact.
De patience.
De bienveillance.
Envers nous.
Mais surtout envers lui.

J'essaye toujours de mettre en avant
toute l'organisation mise en place à la maison
dans le but d'aider Aaron dans son développement.
Mais en prenant le soin toujours de ne jamais
me mettre en avant.

Je lui raconte donc tous nos efforts.
Montessori.
Motricité libre.
Les séances de kiné.
La neurologue.

Son air condescendant semble me dire :
« Bla bla bla. »
« Félicitations. »
« Bravo. »
« Vous êtes la maman parfaite. »
« Vous voulez une médaille ? »

Je ne comprendrai jamais ces professionnels de santé
spécialisés en pédiatrie
qui n'ont pas la fibre pédiatrique.
Ni parentale.
Ont-ils choisi leur métier comme ceux qui commandent
un risotto aux champignons et qui,
une fois le plat arrivé, lâchent un « Oh non !
Il y a des champignons ! » ?

Nous avons donc fait deux séances avec cette dame,
soi-disant passionnée par son métier.
Une pour la rencontre.
L'autre pour le bilan.
À chaque fois,
j'arrivais avec ma petite valise cabine,
remplie d'inquiétude.
Mais je repartais avec une grosse valise de soute.
De 23 kg.

Valise dans laquelle j'avais déjà pris le soin
de mettre des noms de maladies.
Rares.

Le jour du bilan,
c'est elle qui allait en ajouter un.
Sans aucune crainte de dépasser le poids autorisé.
Avec ce nom.
Auquel je n'avais pas encore eu le temps de penser.
Autisme.
Sans vrai diagnostic.
Juste avec son avis,
personnel.

Je n'étais pas plus triste
que mon enfant soit autiste plutôt que porteur
d'une maladie génétique.
J'étais juste triste
que mon enfant ne coche pas toutes les cases
sur la tablette.
Et qu'à travers ces cases non cochées,
surgissent d'autres pathologies.

J'ai payé ce bilan.
Plus de 100 €.
Non remboursés.
C'était cher payé,
le dépassement de poids sur la balance.

Bien évidemment,
nous n'avons plus revu cette dame.
Heureusement,
nous avons trouvé une merveilleuse psychomotricienne,
quelques mois plus tard.

Virginie.
Qui adore les champignons.
Les plus mignons du monde.

Savourer cette deuxième grossesse

Consciente des conséquences de mon stress
sur mon premier bébé,
je ne voulais naturellement pas
reproduire les mêmes erreurs.
Enceinte.

Pour cette deuxième grossesse,
je pratiquais deux choses.
Deux choses qui commencent par une lettre
qui ne sert strictement à rien.
Et pourtant deux choses
qui m'ont tant apporté.

Haptonomie.
HypnoNaissance®.

Haptonomie,
pour rentrer en contact avec mon bébé,
à l'intérieur.
Lui dire que tout allait bien se passer.

HypnoNaissance®,
pour rentrer en contact avec mon moi
intérieur,
toujours paniqué par l'accouchement.
Lui dire que tout allait bien se passer.

Avec Ben, nous pratiquions tous les soirs.
Car pour ces deux techniques
le papa est essentiel.

C'était à lui de soulager mes maux de grossesse,
avec telle ou telle position.
Non sexuelle, à sa plus grande déception.
Et c'était surtout à lui
de me mettre en état d'hypnose.

L'haptonomie nous donnait l'occasion
de nous retrouver tous les trois.
Pendant quelques minutes,
ce deuxième bébé avait l'exclusivité de ses parents.
Tel un fils unique.

HypnoNaissance®, elle, a fait des miracles.
Je n'avais plus peur.
De rien.
En admiration totale devant mon corps
et ses capacités.

Je me surprenais parfois,
souvent même,
à envisager un accouchement physiologique.
Improbable.
Moi, Camille,
un accouchement physiologique.
Alors que pour mon premier,
j'étais prête à faire la péridurale dès le deuxième
trimestre.
Histoire d'être sûre de l'avoir pour le jour J.

Avant de commencer HypnoNaissance®,
j'étais comme de l'huile d'olive.
Avec 10 de pH.
Tandis que l'accouchement, lui,
était du vinaigre balsamique.
3 de pH.

Impossible à mélanger, donc.
HypnoNaissance® était venue lier ces deux liquides.
Pourtant non miscibles.
C'était Madame Moutarde.

Ce n'allait pas être l'accouchement que je m'étais imaginé.
Forcément.
Puisqu'un accouchement ne se déroule jamais comme on l'imagine.

Mais quelques mois plus tard,
j'allais déguster la plus savoureuse des vinaigrettes.

Créée par l'Américaine Marie F. Mongan, **HypnoNaissance®** est une méthode révolutionnaire pour accoucher en douceur avec l'autohypnose et la relaxation. Plébiscitée par les mamans dans 45 pays, c'est aussi, selon les médias anglais, la méthode choisie par Kate Middleton pour la naissance de son premier enfant !
Et par moi-même, Camille, à Toulouse !
Sur un pied d'égalité avec Kate. Ou presque...
Il n'existe que quelques praticiens en France de cette méthode. Il faut compter 700 € pour un accompagnement individuel, qui regroupe environ sept séances.
Vous pouvez consulter le premier site HypnoNaissance® francophone, en Europe : https://hypnonaissance.eu

Haptonomie signifie littéralement « toucher affectif ». C'est une méthode inventée par Frans Veldman, médecin hollandais, qui permet d'entrer en communication avec votre bébé in utero dès votre troisième ou quatrième mois de grossesse. Vous instaurez ainsi avec lui, dès son plus jeune âge, un véritable échange.
Au fil des séances, vous percevez ses réponses de plus en plus distinctement et vous pouvez même rentrer en contact avec lui sans poser les mains sur votre ventre, simplement grâce à l'amour que vous lui portez et qu'il ressent. Tout est question d'affectivité !
La place du père est très importante dans l'haptonomie, ce qui rend cette pratique encore plus intéressante. Il est présent à chaque séance et entre, lui aussi, en communication avec son enfant, à travers le ventre de la maman. Une relation se crée entre lui et son bébé avant même que celui-ci ne naisse. Certains pères mettent un peu de temps à réaliser qu'ils vont avoir un enfant : l'haptonomie peut alors être un excellent moyen de les y préparer.

Merci à Alix Le Mounier. Merveilleuse sage-femme sur Grenade. Mes enfants ont la chance de t'avoir comme tatie, et nous comme amie.

L'acceptation

À cette époque,
je méditais tous les soirs.
Élève assidue,
je respectais les exercices donnés par ma praticienne
en HypnoNaissance®.
Je méditais donc tous les soirs.
Souvent guidée par la voix de Ben pour m'hypnotiser.
Parfois guidée par mes écouteurs.
Toutes ces méditations,
ces états hypnotiques,
ces instants de profonde relaxation,
ont eu un impact positif sur mon état général.
J'étais plus sereine.
Forcément.
Sur de multiples sujets.
Et forcément cela se propageait.
À toutes nos inquiétudes.
Soit aussi face au développement d'Aaron.

Nous avions toujours peur.
Car l'inconnu fait peur.
Et parce que l'on ne parle pas aux inconnus,
nos mères nous l'ont bien appris.

Mais nous étions prêts.
Prêts à aller de l'avant.
Prêts à nous battre.
Prêts à accepter.
Que son développement ne serait pas
ordinaire.
Mais extraordinaire.

Nous respections les étapes classiques du deuil
d'un enfant.
Mais le nôtre était vivant.

Alors ça ne signifiait pas que l'on allait accepter
pour toujours.
Comme quand tu fais le deuil d'une personne morte.
Non.
Notre enfant était vivant.
Il est vivant.
Je me dois d'écrire cette phrase au présent.

Toutes ces étapes de choc,
déni,
colère,
tristesse,
acceptation,
vont continuer de se répéter.
Inlassablement.
Et après chaque annonce,
aussi dure soit-elle,
elles se répèteront.
Puisque je le répète :
il est vivant.

Mais à ce moment-là,
nous étions prêts.
À accepter, sans protester.

Aux 14 mois d'Aaron,
nous rappellerons le C.A.M.S.P.
Et le P.C.O.
Afin d'être pris en charge.
Rééducation et dépistage pour lui.
Aide psychologique pour nous.

Ils nous donneront un rendez-vous
pour notre première rencontre.
Le 28 mars 2023.
Aux 20 mois d'Aaron.

Les délais seront longs.
Très longs.
Au-delà de ce que l'on s'était imaginé.

Fille ou garçon

J'admire les parents qui gardent la surprise
du sexe du bébé pour la naissance.
Sont-ils aussi ceux qui mangent tout le chocolat
du Kinder avant d'ouvrir la surprise ?
En tout cas,
pas nous.
Déjà pour Aaron nous en avions été incapables.
Nous avions besoin de savoir qui se logeait à
l'intérieur de ce ventre.
Besoin de s'adresser réellement à lui,
à elle.
Marre d'appeler ce bébé,
« le bébé ».

Pour Aaron,
je m'en rappelle comme si c'était hier.

Aaron

Je savais que c'était une fille.
Et pas seulement parce que la tatie de Ben l'avait vu
dans les cartes.
Non.
Parce que je le sentais.
Je nous imaginais porter les mêmes tenues.
Nous faire la même coiffure.
Tous les soirs, j'écrivais son prénom sur la vitre
embuée de la douche.
Édith.
Cheveux châtains.
Ondulés sur les longueurs.

Les yeux marron-vert comme sa mère.
Certains jaloux ne diront que marron.
Alors que quand je fixe le Soleil pendant 5 minutes,
je ne vois plus rien,
mais ils sont un peu verts.

Édith aura un sacré caractère.
Celui de son père quand il est fatigué,
additionné au mien,
lorsque je suis stressée.
Un démon.
Beau.
Et souriant.

Durant mon cinquième mois de grossesse,
nous sommes allés faire l'échographie du deuxième trimestre.
Voir si tout allait bien.
Et découvrir le sexe de notre bébé.
Édith.
Qui était déjà une fille.
Pour moi.

Au début, je pensais qu'elle avait pris l'humour
de son père.
Qu'elle jouait avec le cordon ombilical.
A priori, elle n'avait pas pris que l'humour
de son père.

Ce jour-là, j'ai d'abord imaginé que la sage-femme
avait appuyé sur un mauvais bouton.
Ce mauvais bouton, qui allait définitivement
transformer ma petite fille...
en petit mec.

L'espace de quelques instants, j'ai été triste.
Triste d'avoir perdu mon Édith.
Que je n'avais jamais vu, pourtant.
Que je ne verrai jamais, désormais.

Il s'est appelé Aaron.
Aussitôt.

Mon acteur préféré est Aaron Paul.
Le frère de Ben s'appelle Paul.
Alors on a appelé notre bébé Aaron Paul Jérôme Armand.

« Et Jérôme Armand ? », me demanderez-vous.
Jérôme est mon frère,
mon confident,
le premier homme de ma vie.
Armand ?
Aucune idée.
Mon beau-père a un jour décidé que ma mère adorait le prénom Armand.
Alors, en braves gens, nous avons rajouté Armand.

Heureusement qu'elle n'aimait pas le prénom Aimé.
Ou Andréa.
Le nom de famille de Ben est Fourré...
Pas terrible, terrible.

Léo

Selon le calendrier chinois,
concevoir un bébé le 25 mai 2022,
tout en ayant 28 ans,
tombait sur une case rose.

Pas de doute, donc.
C'était une fille.
Et sans faire exprès.

Alba.
Brune.
Aux cheveux presque noirs.
Ce qui nous étonnera fort,
puisque ni Ben,
ni moi,
ne sommes foncés.
Enfin, si.
Nos poils.
Notre fille aurait donc hérité de nos poils.

Tout aussi caractérielle
que sa sœur Édith.
Imaginaire.

Aaron.
Alba.
Deux A.
Au double A.
C'était parfait.

Qui disait cinquième mois de grossesse,
disait échographie du deuxième trimestre.
Voir si tout allait bien.
Et, enfin,
découvrir le sexe de notre bébé.
Alba.
Qui était déjà une fille.
D'après les Chinois.
Ce qui me suffisait amplement.

Même schéma que pour le premier :
soit la sage-femme venait encore de transformer
ma petite fille
en petit garçon,
soit Alba avait une troisième jambe.
Ce qui était moins probable.

Ce jour-là, j'ai compris
que le problème venait de moi.
De mon corps.
Ce corps capable de ne fabriquer
que des petits garçons.
C'était ça mon don.
Et mon devoir.
Repeupler cette planète.
De futurs bons hommes.
De futurs bons amis.
De futurs bons maris.
De futurs bons papas.

Quand je dis repeupler,
je veux dire deux.
C'est pas mal, deux.

Aaron.
Et Léo.

Les déménageurs, pas Bretons

Notre appartement était notre premier cocon.
Bien placé.
Beau.
Bien agencé.
Bien décoré.
Bientôt trop petit.

Le frère et la mère de Ben vivent à Toulouse.
Son frère au sud-est.
Sa mère au sud-ouest.
Nous, dans le nord.

Un vrai triangle équilatéral,
dont chaque côté mesure
45 minutes de route.

Concernant la recherche de notre nouveau cocon,
nous rêvions
de chambres supplémentaires,
d'un petit bout de jardin,
et surtout de proximité familiale.

Nous allions trouver les trois.
Près de chez mes beaux-parents.
À 7 minutes de voiture exactement,
en coupant derrière GiFi.

Naïfs, nous pensions que le plus complexe
serait d'emballer et de déballer les cartons.
Loin d'imaginer que ce serait de trouver un nouveau
médecin traitant.
Et un nouveau kiné pour Aaron.

J'étais très triste de laisser notre ancienne
généraliste.
Qui, avec du recul,
a juste eu un rôle difficile.
Celui d'annoncer à des parents,
ignorants et heureux,
que leur vie allait basculer
dans l'inquiétude et le chagrin.
Ce rôle qui, j'espère,
ne lui arrivait pas souvent.

Les semaines passaient.
Et les docteurs que je rencontrais étaient de vrais
bras cassés.
Le comble pour des médecins.

Il a fallu encore des mois
pour qu'Aaron, alors âgé de 16 mois,
bénéficie de la meilleure des équipes médicales.
Qui, à cette époque,
ne se composait que de deux professionnelles.
Pauline, sa merveilleuse kiné.
Aurore, notre médecin traitant.
Loin de l'équipe médicale du sportif de haut niveau
d'aujourd'hui.

Je ne remercierai jamais assez
toutes ces personnes qui suivent Aaron.
De vrais rayons de soleil.
Situés en plus dans un rayon de 10 minutes
de la maison.

7 mois et 31 jours

Aaron était arrivé à 8 mois pile de grossesse.
C'était apparemment la durée maximale
que les médecins,
et mon corps,
pouvaient atteindre.

Concernant ma grossesse pour Léo,
tout se passait bien.
Sans contractions.
Sans menaces.
Avec seulement beaucoup de pipis.

Le 24 janvier 2023,
j'étais enceinte de 7 mois
et 31 jours.
Ben était aux urgences.
Car ça faisait un mois qu'il souffrait.
Le pauvre.
Il avait une oreille bouchée.
Mes douleurs de grossesse
n'étaient que du pipi de chat à côté.
Ah ah ah.

Ce jour-là,
je l'avais donc envoyé aux urgences,
de force,
après son travail.
D'une, parce que c'était insupportable qu'il n'entende
plus rien.
Et de deux, parce que je voulais être sûre qu'il entende
tous mes jolis mots le jour de l'accouchement.

17 h 30.
Ma belle-mère arrive à la maison.
Pour me soulager car Ben n'est pas là.
Mais aussi pour que je commence à lui montrer nos rituels.
Avec Aaron.
Repas.
Bain.
Soins.
Coucher.
Pour quand nous partirons.
Accoucher.
Dans un mois.

17 h 35.
Comme si mon corps se relâchait d'avoir un relais.
J'ai une petite contraction.
Je montre à ma belle-mère
où sont les assiettes pour le repas.
Où sont les fruits.
Les gât... *(je souffle)* ...eaux.

17 h 40.
Deuxième contraction.

17 h 45.
Les vêtements sont dans l'armoire.
Ici.
En haut les pantalons.
En bas... *(arrrrg je re-souffle)* ...les pyjamas.

17 h 50.
Ma belle-mère me demande si ça va.
Des mots sortent de ma bouche.
« Oui, oui. Impeccable. »

Ok, je fais un A.V.C.
Car ce ne sont pas du tout
les mots qu'il y a dans ma tête.

Les minutes défilent.
Et toutes les 5 minutes,
je suis incapable de finir une phrase.
Il se passe quelque chose dans mon bas-ventre.
Et je pressens
que ce n'est pas une gastro.

J'appelle Ben.
Il est toujours aux urgences.
Il vient de voir un O.R.L.
Il me raconte où en est son oreille :
« Apparemment, ce n'est pas un bouchon.
- C'est fou.
- Et ce n'est pas une otite non plus.
- Complètement dingue cette histoire.
- C'est sûrement une sinusite.
- Mais nooon ?! »

Je reste calme.
Polie.
Puisque sa mère est devant moi.
Je lui dis de prendre n'importe quelle route,
aussi sinueuse soit-elle,
et de rentrer,
lui et sa (putain de) sinusite,
tout de suite à la maison.

Il rentre aussi vite qu'un employé quitte son travail
un vendredi soir.

Quand il arrive,
je ressens un énorme soulagement.
Il est là.
Lui.
Avec son oreille toujours en veille.
Mais je m'en fous.
Maintenant tout peut arriver.
Je suis en sécurité.

Ma belle-mère rentre chez elle.
On ne se dit pas au revoir.
Mais à tout à l'heure.
Et nous avons raison.

Les contractions sont toujours présentes.
Mais plus espacées.
Je prends un bain.
Dans ma douche.
Assise dans la baignoire d'Aaron.
Avantage de mes 1 m 47.
Ce n'est pas confortable pour mes fesses.
Mais c'est confortable pour mes reins.

Aux alentours de 21 h 30,
Ben et moi allons nous coucher.
Devant une série.
Pour penser à autre chose.
Bien évidemment, je ne pense qu'à ça.
À ce gros poulet de 3 kg,
comme celui du marché,
le samedi matin,
qui va bientôt passer
de dedans
à dehors.

1 h du matin.
Une côte se brise à l'intérieur de moi,
enfin je crois,
PLOC.
Je cours aux toilettes.
C'est la troisième guerre mondiale dans ma culotte.

Je réveille Ben.
Ben réveille sa mère,
par téléphone.
Direction la maternité.

Sur la route, nous écoutons
You are the reason de Calum Scott.
Au moins dix fois.
Temps du trajet.
J'adore ce moment.
Intense et doux à la fois.

Quand les contractions s'évaporent,
je jette des petits coups d'œil à la banquette arrière.
À ce siège.
Vide,
pour le moment.
Impatiente d'être au prochain trajet.
Et de sentir flotter cette délicieuse odeur
de poulet rôti.

25 janvier 2023.
2 h du matin.
Arrivée à la maternité.

Nous sommes tels deux soldats.
Surentraînés.
Plan de naissance à la main.

On sait exactement
ce qu'on ne veut pas.
Mais surtout ce qu'on veut.

Rester dans notre bulle.
La moins médicalisée possible.
Pouvoir dire oui,
quand on sera d'accord.
Pouvoir dire non,
quand on ne le sera pas.
Pouvoir demander pourquoi,
quand on ne comprendra pas.

C'est tout ça HypnoNaissance®.
Être acteurs.
De notre accouchement.
Avec le premier rôle.

Pour Aaron,
un an et demi plus tôt,
nous nous étions laissé diriger par l'équipe médicale.
Puisque nous avions manqué aux entraînements.
Nous avions donc assisté à sa naissance
comme deux joueurs remplaçants
remportent la coupe du monde.

Pour cette deuxième grossesse,
après des mois de préparation,
nous sommes prêts.

L'aventure peut commencer.

L'aventure en question

2h30.
On nous installe dans la salle de pré-travail.
Je me conditionne.
Méditation à fond les ballons,
dans les oreilles.
Bercée par le gros ballon,
de grossesse.

3h.
Je gère.
J'adore accoucher.
On fait le troisième tout de suite après ?

3h30.
Non mais franchement.
Certaines en font des tonnes.
Ce n'est pas si terrible que ça.

4h.
Je me caille les miches.
Il fait -15 °C dans cette pièce.
Ils ne sont pas capables de chauffer dans
une maternité ?
Je crois que Ben va devoir aller m'acheter
une cheminée portable.

4h30.
Ben revient.
Sans cheminée.
Mais on change de chambre.

Apparemment, la mienne avait un problème
de chauffage.
Merci, on s'en était rendu compte.

5 h.
On est dans une nouvelle chambre.
Je crève de chaud.
J'ai soif.
Je bois.
J'ai été transportée dans un nouvel espace-temps.
On est le 25 juillet ou quoi ?
Il n'y a pas la clim ?

6 h.
Un deuxième bébé, ce n'est pas censé arriver
rapidement ?
Parce que, j'avoue, je gère.
Mais c'est bon.
J'ai compris le délire.

6 h 30.
Ça doit faire trente-deux fois que j'écoute mes méditations.
Après cet accouchement, je ne veux plus jamais
qu'on me parle de méditation.
Méditation mon c... !!!

7 h 30.
Je crois que mon cœur ralentit.

8 h.
Je suis toujours en vie.
Ou alors, je suis morte.
C'est ça.
Je vole.
Au-dessus de mon corps.

9 h.
J'ai envie de faire pipi.
Pour la trente-cinquième fois depuis que je suis arrivée.
Mais je suis en T-shirt.
À poil.
Et je n'ai plus la force de mettre une culotte.
Ni de marcher jusqu'aux W.-C., qui se trouvent à l'extérieur de la chambre où je suis installée.

9 h 01.
Tant pis, j'enroule le drap autour de moi.
Il traîne par terre.
Dans le couloir.
Devant tout le monde.
Plus rien à foutre.

9 h 03.
Je crois que j'ai fait pipi sur le drap.

10 h.
On m'ausculte.
Je dois être à 9.
C'est sûr.
À un doigt, de mon accouchement sans péridurale.
Tu vas y arriver Caca.

10 h 01.
Je suis à 4.
4 en années chien ?
C'est 10, non ?
Apparemment non.
4 c'est 4.
Je me reconditionne.
Ben me fait des massages.

Je l'aime.
Mais je ne coucherai plus jamais avec lui.

10 h 30.
On va en salle d'accouchement.
THE salle d'accouchement.
Une énorme baignoire m'y attend.
Ben allume une multitude de bougies.
À LED.
Il est merveilleux.
Mais je maintiens ma parole.
Plus jamais je ne coucherai avec lui.
Je veux signer un contrat qui le stipule.
Donnez-moi un papier et un stylo..

11 h.
Je suis dans le bain.
Oh la la.
Je suis bien.
Ça va mieux.
Je le dis mille fois à Ben.
Oh la la.
Je suis bien.
Ça va mieux.

12 h.
Le pouvoir de l'eau chaude est merveilleux.

12 h 02.
J'ai envie de faire pipi.
Je fais pipi dans mon bain.
Qui pour me juger ?

12 h 30.
Les douleurs reviennent.
Peut-être parce que l'eau est froide.
Et qu'elle sent le pipi.
Ben vide la baignoire.
Puis la reremplit.

13 h.
L'eau est propre.
Chaude.
Je suis fatiguée.
Et j'ai re-envie de faire pipi.

13 h 30.
C'est bon.
Continuez sans moi.
J'ai tout donné.

14 h.
Je ne rigole plus.
Je vais mettre la tête sous l'eau et ne plus jamais remonter.

14 h 30.
Je vois mon nom.
En une des journaux.
« Camille, morte pendant son accouchement.
Accouchement le plus long du monde.
8 jours. »

15 h.
Maman, j'arrive.

15 h 30.
Ben, prends soin des enfants.
Je t'ai promis de t'aimer jusqu'à ce que la mort nous sépare.
C'est aujourd'hui.
*Goodbye My Lover.**
Goodbye My Friend.

16 h.
Je sors du bain.
Mon corps est fripé de mes orteils à mon cou.
J'ai 77 ans.
On m'ausculte.
Ça va faire vingt-quatre heures que j'ai des contractions.
Ressenti 17 de dilatation.
Mais apparemment ça ne va que jusqu'à 10.
Je suis à...
5.
5 ?
5 !
Elle est où la caméra cachée ?

16 h 01.
On me propose une péridurale.

16 h 02.
Je pleure.
Je déteste la péridurale.
J'ai été traumatisée pour Aaron.
De la douleur de l'aiguille de 30 cm dans mon dos suivie de la paralysie de mon corps.
Non.
Non.
Non.
Et une anesthésie générale sinon ?

J'ai vu que la reine Elizabeth accouchait comme ça dans *The Crown*.
Traitez-moi comme une *Queen*.
S.V.P.

16 h 30.
Après 30 minutes de réflexion.
Je n'en peux plus.
Je suis toujours à 5.
Je ne suis pas con.
Ni nulle en calcul mental.
Il m'en reste 5.
Inatteignable.
OK pour la péridurale.

17 h.
Ben, je te quitte.
Je vais épouser cet anesthésiste.
Je vous aime, Monsieur.

18 h.
« Ça plane pour moi. »*
Pourquoi je n'ai pas fait la péridurale hier ?

18 h 30.
Des douleurs reviennent.
Mais c'est gérable.
Je sens qu'il se passe un truc.
Mais je suis bien trop *stone* pour faire quoi que ce soit.

18 h 55.
Je dis à Ben que je sens le bébé glisser.
Je suis à 2 de tension.
Je parle comme Doc Gynéco.
Ben appelle la doc.

Ou la gynéco.
Moins détente que moi.

19 h.
« Alice ça glisse
Au pays des merveilles. »*

19 h 03.
Bienvenue mon Léo.

* Page 102, chanson de James Blunt, *Goodbye My Lover*, 2005.
Page 103, chanson de Plastic Bertrand, *Ça plane pour moi*, 1977.
Page 104, chanson de Francky Vincent, *Alice ça glisse*, 1991.

Mon Léo

Si c'était Ben qui avait accouché,
je me serais sans doute posé la fameuse question :
« Mais qui est la vraie mère de cet enfant ? »
Car ce qui est sûr, c'est que ça n'aurait pas été moi.
Mais la factrice.
Qui vient de Nouvelle-Calédonie.

Cet enfant était bronzé.
Comme s'il avait passé huit mois au soleil.
Brun.
Comme sa sœur imaginaire, Alba.
Cet enfant avait donc hérité de nos poils.

Dès les premières secondes
avec ce nouveau bébé,
j'ai compris que l'expérience serait différente.
Et elle l'est.
La comparaison n'aura jamais lieu d'être,
entre mes deux êtres,
tellement leurs différences
sont bouleversantes.

Pour être honnête,
Léo est l'enfant que je me suis toujours imaginé.
En beaucoup plus.
En parfois trop.
Un ouragan.
Qui fait tout basculer.
Mes principes,
mes croyances,
mes acquis.

Avec lui,
toutes les cases sont cochées.
Tout va bien.
Tout va vite.
Trop vite.
Et pourtant.
C'est lui
qui nous ramène sans cesse
dans l'instant présent.

Avec ce bébé,
pas le temps de se projeter.
C'est un pro du jeter...
de canapé.
Ou de bibliothèque.
Ne jamais le lâcher du regard.
Avec lui,
c'est maintenant ou jamais.
Cela dit,
quand il s'agit de goûter aux croquettes des chats,
je préfèrerais que ce soit jamais.
Mais pas lui.

Mon curieux.
Mon impatient.
Mon bulldozer.
Ma brute.
Mon ogre.

Ma tempête après mon calme.
Mon miracle après mon inquiétude.

À celui qui nous a donné un nouveau souffle,
alors que l'on commençait à manquer d'air.

À celui qui, aussi, nous enlèvera
quelques heures de sommeil.

Merci de nous avoir choisis comme parents.
Merci d'avoir choisi Aaron comme partenaire.
Merci d'être venu rééquilibrer cette table,
bancale,
à trois pieds.

À mon deuxième fils,
unique,
je t'aime indéfiniment.
Mon petit démon.
Adoré.

Le premier rendez-vous au C.A.M.S.P.

28 mars 2023.
Aaron a 20 mois.

Cette date résonne tellement en moi
que j'ai l'impression que c'est l'anniversaire de quelqu'un.

Non,
c'est seulement aujourd'hui.
Aujourd'hui que nous allons être écoutés.
Soutenus.
Accompagnés.

Aujourd'hui
que nous allons apprendre.
Avancer.
Reprendre des forces.

Aujourd'hui.
Nous y sommes.
Nous sommes stressés.
Mais impatients.
Nous attendons ce rendez-vous depuis six mois.

Rendez-vous à 9 h.
Une grève est annoncée depuis quelques jours.
Contestation contre la réforme des retraites.
Prévoyants,
nous partons une heure avant.

Nous arrivons,
fiers de nous,
un quart d'heure à l'avance.
Le fameux quart d'heure toulousain.
Mais dans l'autre sens.

Nous attendons cet entretien depuis bien trop longtemps.
Impossible,
interdit,
d'être en retard.
Aujourd'hui plus que jamais,
nous avons besoin d'avancer.
Nous avons besoin de réponses.

Rendez-vous prévu avec une neuropédiatre.
Que nous appellerons Gertrude.
Et une pédopsychiatre.
Que nous appellerons Désirée.

9 h.
Toujours personne.
On patiente.
9 h 15.
9 h 20.
9 h 30.
10 h 00.
On a changé d'heure cette nuit ?

10 h 30.
Gertrude arrive.
Avec ce retard, elle ne vient pas de Toulouse.
Sûrement de Bretagne.
Mais sans sablés bretons.
Et sans Désirée.

Gertrude, désolée d'être en retard,
nous explique qu'elle a dû amener sa fille au lycée.
Pour cause de grève.
Apparemment, elle n'a pas su trouver de meilleure excuse.
Elle nous informe aussi que Désirée ne sera pas là.
Désirée a disparu.
Du banc des désirés.
Dérisoire cette histoire.

L'entretien commence très mal.
Avec un bébé de 2 mois,
et l'autre de 20 mois,
réveillés tôt.
Qui ont trop attendu.
Nous avons plusieurs bonnes excuses.
Nous.

Ma belle-mère arrive en renfort.
Au C.A.M.S.P.
Nous prend les deux bébés,
impatients,
fatigués,
pour que l'on puisse mieux se concentrer.

Gertrude enchaîne les formalités.
Elle nous parle de dossier M.D.P.H.
De plusieurs examens à réaliser.
Génétique.
Sanguin.
Urinaire.
De rééducation en supplément de la kiné.
De psychomotricienne.
D'orthophoniste.
De retourner chez l'ophtalmologue.

Pour son strabisme.
Et aussi chez une orthoptiste.

Mais ne nous parle pas
d'assistante sociale.
Ou d'aide psychologique.

Elle nous dit de ne pas regarder sur Internet.
Ce que bien évidemment je ne respecterai pas.
Tout comme je lui aurais répondu « jaune »
si son conseil avait été de ne pas regarder la couleur
de la girafe derrière nous.

Elle nous parle même d'un éventuel système de garde.
Pour Aaron.
Pourquoi ne pas le mettre en crèche,
plutôt que le garder à la maison ?
Moi, elle me perd à ce moment-là.

Aaron est un enfant si calme.
Parfois craintif.
Qui a peur des autres enfants.
Il n'arrive pas,
ou très peu,
à se déplacer.
Il a besoin de câlins.
De tranquillité.
De stimulations spécifiques
adaptées à ses besoins particuliers.

Comment peut-on imaginer un enfant comme lui
dans un endroit bruyant ?
Aaron ne le supporterait pas.
Je le sais.
C'est mon enfant.

C'est ma chair.
Et tout mon être.
Le stress n'est pas à ajouter à cette équation,
déjà si complexe.
Je ne comprends pas,
et je ne comprendrai jamais,
comment des médecins
aussi en retard sur le bien-être des enfants,
peuvent traiter
leurs retards de développement.

Puis bon.
Allez.
Ce n'est pas tout
mais il y a d'autres patients derrière nous.
Et il y a une heure et demie de retard à rattraper.
Alors elle enchaîne.
À la chaîne.

Nous repartons
une main devant,
une main derrière.
Et les épaules un peu plus lourdes qu'en arrivant.

De retour à la maison,
nous prenons tout de suite rendez-vous
pour les examens demandés.
Ils seront réalisés la semaine d'après.
Pressés d'en savoir plus.
Mais loin d'imaginer
que pour avoir les résultats,
un parcours du combattant nous attendait.

Qu'est-ce que la M.D.P.H. ?

La Maison départementale des personnes handicapées a été créée par la loi du 11 février 2005, sous forme de Groupement d'intérêt public (G.I.P.).

Elle est présente dans chaque département français et fonctionne comme un guichet unique chargé de l'accueil et de l'accompagnement des personnes handicapées et de leurs proches.

La M.D.P.H. prend en charge les démarches liées aux différentes situations de handicap et en effectue le suivi.

Au sein de chaque M.D.P.H., la Commission des droits et de l'autonomie des personnes handicapées (C.D.A.P.H.) prend les décisions attribuables à la personne reconnue handicapée. Ces décisions étaient auparavant du ressort de la C.O.T.O.R.E.P. (pour les adultes) et de la C.D.E.S. (pour les enfants).

La mise en place d'une équipe médicale

Nous avions assez perdu de temps.
Sans en perdre davantage,
me voilà partie à la recherche
d'une psychomotricienne,
ainsi que d'une orthophoniste.

À défaut d'avoir l'océan à Toulouse,
je surfais sur le net,
à la recherche des meilleures vagues,
aux meilleurs avis.

Je passais des jours entiers à essayer de trouver
la perle rare.
Puisqu'après ce médiocre entretien au C.A.M.S.P.,
nous avions besoin de trouver de vrais professionnels
de santé.
Des personnes investies.
Concernées.
À l'heure.

Pour ces deux professions,
psychomotricité et orthophonie,
il était impossible de téléphoner directement.

Je respectais alors toutes les étapes.
Sur chaque site.
Inscription.
Nom.
Prénom.
Situation.
Besoins de l'enfant.

Disponibilités.
Et je cliquais sur le bouton :
« S'inscrire à la liste d'attente. »

Je répétais inlassablement cette procédure.
Pour diverses professionnelles.
Sans pouvoir faire de copier-coller.
Sinon ça aurait été trop facile.

Et je prenais soin de noter dans un carnet
que si une professionnelle n'avait pas répondu
à ma demande sous un mois pile,
il faudrait retourner sur son site,
et patienter un mois supplémentaire,
en salle d'attente.

Sur le moment,
je me demandai qui était en charge de la déco
de ces salles d'attente,
virtuelles.
Et j'espérai que leurs chaises étaient confortables.
C'est long, assis pendant des mois.

Une psychomotricienne nous contactera
très rapidement.
Un mois environ.
Virginie.
Qui est fabuleuse,
et suit encore Aaron aujourd'hui.

L'orthophonie commencera trois mois plus tard.
Juin 2023.
Aaron ne parlant toujours pas.
À bientôt 2 ans.

Les séances avec la merveilleuse Laurine
ne dureront que quelques mois.
Six mois.
Pas plus.
Rapidement devenues inutiles.
Les séances.
Pas Laurine.

Temps nécessaire à Aaron
pour parler comme un livre ouvert.
Mais pas n'importe quel livre.
Le plus doux,
le plus mélodieux,
le plus paisible
des livres ouverts.

Quel est le rôle de l'orthophoniste ?

L'orthophoniste est un expert de la parole, du langage, de la communication, de l'apprentissage et de la déglutition (action de mastiquer ou d'avaler).

Il a des connaissances en anatomie, physiologie, neurologie, linguistique, psychologie, ainsi qu'en développement de la communication humaine et ses troubles. Il travaille auprès de personnes de tous âges, des nouveau-nés aux aînés.

L'attente des premiers résultats

Examens réalisés le 7 avril 2023.
Hormis la génétique,
tout doit arriver rapidement.
Le 11 avril.
Selon les infirmières.

La prise de sang aura duré quatre heures.
Un enfer.
Mon bébé de quasi 21 mois,
piqué à chaque bras,
chaque main,
et sur un pied.
On aurait dit Jésus.
Un Jésus potelé aux veines invisibles
aux yeux des infirmières.

À partir du 11 avril,
par automatisme,
mes doigts rafraîchissent inlassablement
ma boîte mail.
Dans l'espoir de voir enfin apparaître
les résultats.
Tous les jours,
je clique sur cette petite flèche noire.
Rafraîchir.
Rafraîchir.
Rien.
Pendant dix jours.
Je ne sais pas ce que les infirmières
entendaient par rapide.
Mais je ne leur conseille pas d'ouvrir un fast-food.

Le combat pouvait commencer.
J'appelle le C.A.M.S.P.
Je tombe sur la secrétaire.
Je lui explique que je n'ai toujours pas les résultats.
Elle m'explique que la pédiatre qui nous suit n'est pas disponible.
Soit, la fameuse Gertrude.
Elle prend mon message.
Elle me rappellera.
Super.

Une semaine plus tard,
je rappelle le C.A.M.S.P.
N'ayant aucune nouvelle.
Même schéma que précédemment.
Elle n'est toujours pas disponible.
Heureusement que nous l'avions déjà rencontrée,
cette Gertrude,
sinon je me serais demandé si elle existait.
Vraiment.

Agacée, je décide d'appeler l'hôpital.
Afin d'avoir les résultats.
Par moi-même.
Puisqu'apparemment,
c'est comme ça que l'on est le mieux servi.

Une secrétaire me répond.
Les résultats sont arrivés.
Depuis plusieurs jours.
Mais elle ne peut rien me donner,
à moi.
Maman.
Seulement à eux.
Médecins.

Je rappelle le C.A.M.S.P.
Qui, depuis, est dans mes numéros favoris.
La secrétaire me dit que Gertrude n'est toujours pas là.
Que je dois envoyer un mail explicatif.
Pour expliquer...
ce que je lui explique au téléphone.
Va trouver l'explication.

Les jours passent.
Mon téléphone sonne.
C'est elle.
Gertrude, la neuropédiatre.
Elle est vivante.

Elle m'explique que les premières analyses sont arrivées.
Mais me parle dans le jargon médical.
Comme si j'avais fait six ans de médecine.
Ce qui n'est pas totalement faux,
puisque mon hypocondrie
équivaut à quatre ans d'études environ.
Mais là, tout de suite, je ne comprends rien.
À part que l'analyse urinaire doit être refaite.
Ils l'auraient égarée.
Égaré quoi ?
Les résultats ?
Le pipi ?
Si je n'étais pas déjà en train de le faire,
je me dirais d'écrire un livre sur nos péripéties.

Quelques jours plus tard,
je décide de rappeler le C.A.M.S.P.
pour avoir un exemplaire papier de ces premiers résultats.
Étant donné que l'explication orale
n'avait pas suffi à ma compréhension.

Mais Gertrude ne peut pas.
Elle a un problème avec son ordinateur.
Pas de chance.
Cependant, elle me donne le numéro direct
du laboratoire de l'hôpital.
Afin que je les appelle de sa part.

J'appelle l'hôpital.
Ils ne veulent pas me donner les résultats.
Forcément, je ne suis toujours pas médecin.

Je rappelle le C.A.M.S.P.
Gertrude n'est plus là.
J'abandonne.
L'hôpital veut un médecin,
ils vont l'avoir.
Sur Google, je regarde en combien de temps je peux
le devenir.
Dix-douze ans.
C'est la taille de mes jeans.
Et c'est beaucoup trop long pour avoir des résultats.

Je contacte le cabinet de notre généraliste.
Qui n'a rien à voir avec tout ça.
J'explique à sa secrétaire que,
faute d'avoir une décennie devant moi,
j'ai besoin de ma docteure.

Après des jours d'attente, notre généraliste me rappelle.
Elle est d'accord pour appeler l'hôpital.

Je lui donne le numéro du laboratoire.
Elle me rappelle trois jours après.
Ils n'ont pas de résultats.
Impossible.

Je rappelle l'hôpital.
Ils ont les résultats.
Je vais crever.

La secrétaire m'explique que ma généraliste a appelé le laboratoire de la génétique.
Seul résultat non disponible.
Et qu'elle doit appeler TOUS les laboratoires.
Un par un.
Aaaaaaaah !!!
On ne pouvait pas nous le dire avant, qu'il y avait plusieurs laboratoires ?

Je note la liste des numéros.
Comme on note une liste pour Noël.
Sauf que je ne suis pas sûre du cadeau à l'arrivée.
Empoisonné ou pas.

Je rappelle ma généraliste pour la lui donner.
Elle me rappellera quelques jours plus tard.
Pour me dire que c'est bon.
Elle a les résultats.
Enfin.

Ils les lui envoient par voie postale.
Oh mais sérieusement ? Pourquoi pas par pigeon voyageur sinon ?

J'attendrai encore des jours,
avant qu'elle ne les reçoive,
pour enfin les voir
de mes propres yeux.

Résultats :
R.A.S.

On souffle.
Comme on souffle sur des bougies.
Tout en faisant le vœu
que les résultats génétiques soient aussi positifs.

Quatre mois plus tard.
Nous sommes en août.
Noël avant l'heure à la maison.
La génétique est arrivée.
R.A.S.

Rien à signaler.
Trois petits mots qui enlaceront nos cœurs
de parents,
inquiets.
Mais
trois petits mots qui laisseront se perpétuer
l'ignorance,
face à toutes nos questions.

C'est à ce moment-là
que nous deviendrons pêcheurs professionnels.
Pas de la pêche à la truite.
De la pêche à l'information,
inquiétante sur Internet.

Un leurre accroché au bout de notre canne.
Nous ne voulions plus nous faire leurrer.
C'était l'heure de savoir.
Quels étaient leurs pronostics ?

Pourquoi ?
Comment ?
Alors ?
Et maintenant ?

Éducation approximative

Dans tout ce joyeux bordel,
j'étais mère au foyer.
De deux bébés.
Niveau supérieur.

Je venais de monter d'un grade.
Mon équipe venait d'intégrer
un nouvel employé.

4,
quand le papa serait là.
1 pour 1.
Jusqu'ici, tout irait bien.

3,
quand le papa ne serait pas là.
1 pour 2.
Infériorité numérique.

Prévoyante, j'avais tout anticipé.
Le plus petit serait parfois posé sur un tapis au sol,
pendant que je jouerais avec son aîné.
Il nous regarderait d'un air admiratif,
impatient de nous rejoindre.
Il jouerait avec ses petits hochets,
sa balle de motricité.

Le plus grand serait autonome.
Peut-être commencerait-il à marcher ?
Il jouerait tranquillement,
alors que je donnerais la tétée à son petit frère.
Tout allait bien se passer.

Et ce fut le cas.
Mais pas comme je me l'étais imaginé.
Avec un bébé impossible à poser,
et l'autre qui ne marchait toujours pas,
je me retrouvais à porter les deux.
Tout ça additionné au poids d'une inquiétude
bien plus lourde que les deux réunis.

Pour Aaron,
tout était facile.
Enfant doux.
Calme.
Patient.
Tous les conseils que je pouvais lire dans les livres
lui étaient applicables.

Puis Léo est arrivé.
Sauvage.
Libre.
En quête d'autonomie.
Permanente.

Je réalisai alors simplement
que tout ne dépend pas de l'attitude du parent.
Mais que le caractère de l'enfant
a aussi son mot à dire.

Avoir un enfant, c'est difficile.
Profondément.
C'est sans cesse culpabiliser.
Se remettre en question.
Douter.
Craquer.

Et quand l'enfant est « différent »,
c'est voir tout ça
se décupler.

Avoir un second enfant,
au caractère bien trempé,
c'est être complètement assommée.

Alors je jongle.
Entre ce que je lis.
Et ce qui fonctionne.
Vraiment.

Depuis que j'ai deux enfants,
je prends plus de temps pour moi.
C'est illogique.
Et pourtant primordial.

Je pense souvent à la métaphore du masque
à oxygène.
En cas de dépressurisation lors d'un vol,
le parent doit mettre le masque à oxygène en premier,
avant son propre enfant.
Se protéger soi,
afin de mieux le protéger,
lui.

Concernant l'éducation d'Aaron,
quand il était encore fils unique,
j'avais capturé une image
d'éducation parfaite,
sans failles,
sans fautes,
et je l'avais encadrée,
dans un cadre carré,

solide,
figé,
aux angles pointus.

Puis Léo est arrivé.
Muni, dans sa petite main,
d'un morceau de papier à poncer rouge.
Grain 40.
Celui pour les surfaces rugueuses.
Très encrassées.
Ou comportant de gros dégâts.

Il a poncé ce cadre.
Faisant s'arrondir les quatre angles.
Il en a changé la matière.
Optant pour un matériau plus malléable.
Qui se tord.
Qui se plie.
Qui s'adapte.

Grâce à lui, ma vision de l'éducation parfaite a évolué.
Elle reste bienveillante.
Gorgée d'amour.
Sincère.
Mais est surtout approximative
et imparfaite.

La torture du sommeil

Je détestais cette phrase, quand j'étais enceinte :
« Dors maintenant, quand il sera là, tu ne pourras plus. »
Mais qui dit ça ?
Sûrement les mêmes qui disent :
« Oh tu as l'air fatiguée »,
ou :
« Tu as une sale tronche »,
quand tu n'es simplement pas maquillée.
Ou quand tu es vraiment fatiguée.

Il y a plusieurs règles pour remédier à ça.
Celle qui consiste à tourner sept fois la langue dans sa bouche.
Et celle des trois secondes.

Cette dernière consiste à ne pas dire à une personne
quelque chose qu'elle ne serait pas en mesure
de modifier dans les trois secondes.
Par exemple,
une feuille de salade coincée entre les dents,
c'est modifiable.
Des cernes,
ce n'est pas modifiable.
Mais je m'éloigne de mon sujet du sommeil.

Je détestais donc
quand on me disait de dormir pendant ma grossesse.
D'autant qu'avec mes insomnies habituelles,
c'était un conseil inutile
guidé par une vision d'emblée pessimiste.

Aaron n'a pas dormi
jusqu'à ses 11 mois.
C'était un supplice.
Pour sortir duquel nous avons tout essayé.
Cododo.
Plus cododo.
Dans sa chambre.
Avec nous.
Puis sans.
Avec veilleuse.
Puis sans.
Avec bruit blanc.
Puis sans.

La seule technique que nous avions trouvée,
avec Ben,
pour essayer de survivre,
était de le bercer
jusqu'à épuisement,
soit durant des heures.
La nuit.
Un enfer.

C'est simple,
à cette période
le dictionnaire Larousse aurait pu nous contacter
afin de mettre en photo nos tronches
à côté de la définition de mort-vivant.

Nous n'en pouvions plus.
Alors grâce au bouche-à-oreille,
mais aussi grâce aux réseaux,
nous avons contacté une infirmière puéricultrice
spécialisée dans le sommeil des enfants.

D'après les multiples avis la concernant,
que je lisais tous, jour après jour,
elle faisait dormir les bébés
en 15 jours.

Nous, ça faisait 334 jours que l'on essayait.
Et nous n'avions jamais réussi à faire dormir Aaron
trois heures d'affilée.

Nous n'y croyions pas vraiment.
Mais nous voulions y croire un peu malgré tout.
Même si on ne pouvait s'empêcher de penser
qu'au bout des 15 jours elle nous dirait :
« Je suis désolée de ne pas avoir réussi.
C'est bien la première fois que je n'y arrive pas.
Votre bébé ne dormira jamais.
Désolée. »

Nous avons donc rencontré Marie.
@dorsbienmonbebe sur Instagram.
Elle est venue à la maison.
Et nous avons discuté de notre bébé.
De ses routines.
De ses rituels.
De ses habitudes.
De tout.

Elle nous a suivis pendant 15 jours.
Puisque c'était le pacte.
Elle ne nous a pas lâchés.
Et nous, nous avons eu du mal à la lâcher,
15 jours plus tard.
Quand Aaron dormait
douze à treize heures par nuit.

À ce moment-là,
alors que j'étais enceinte,
Ben et moi nous sommes fait la promesse
de ne pas attendre aussi longtemps pour ce deuxième.

Et nous la respecterons.
Marie reviendra à la maison
aux 6 mois de Léo.
Tout pile.

Aujourd'hui,
le premier qui me dit que j'ai des cernes
alors que j'ai deux enfants qui dorment douze heures par nuit,
je lui fais bouffer mon anticerne. 

Qui est Marie Dauga, alias @dorsbienmonbebe ?
Infirmière depuis quasiment vingt ans et infirmière puéricultrice depuis plus de douze ans, Marie s'est spécialisée dans le sommeil des petits. Après de nombreuses années à accompagner des adultes, elle est passée par l'Hôpital des Enfants de Toulouse et a travaillé en Direction de crèche avant de s'installer comme consultante en sommeil.
À la crèche, les parents lui disaient : « Mais Marie, vos conseils marchent, vous êtes une magicienne du sommeil, vous devriez en faire votre métier ! » Qu'à cela ne tienne, Marie s'est dit : « Tout est possible, ce sujet me passionne, je tente ! » Et ça a marché.
Marie voit désormais de nombreuses familles en consultation ou en accompagnement sur plusieurs semaines. Chaque bébé, chaque enfant, chaque famille a son histoire, ses problématiques, ses contraintes, et Marie personnalise ses propositions. Il y a toujours une solution et, comme elle dit : « Tous les enfants peuvent bien dormir ! »
Vous pouvez la retrouver sur Instagram et Facebook @dorsbienmonbebe, et sur son site Internet dorsbienmonbebe.fr.

Le deuxième rendez-vous au C.A.M.S.P.

Juillet 2023.
Trois mois après le premier rendez-vous,
Aaron vient de fêter ses 2 ans.
Lors de ce deuxième rendez-vous,
nous avons fait le bilan de tous les examens réalisés.

Les résultats, aussi rassurants soient-ils,
ne nous fournissaient pas de réponses.
Alors il fallait creuser.

Aller plus profond,
dans la génétique.
Aller plus loin,
sur la partie neurologique.
Avec une I.R.M.
Prévue le 31 janvier 2024.

Nous avions lu que,
souvent,
lorsque les médecins décidaient de prendre la pelle
afin de creuser un peu plus profond,
c'était là que la pelle buttait sur quelque chose.
De dur.
De rare.
De redoutable.

Nous n'avions pas trop envie de creuser.
Par peur de recouvrir un peu plus
nos cœurs déjà ensevelis.
Mais surtout de prendre le risque
de découvrir le pire.

Malgré tout, nous étions réalistes.
Et nous savions.
Que pour qu'une maison reste sur pied,
l'étape du décaissement était inévitable.
Car c'est dans ces tranchées souterraines
que se glissent les fondations.

Alors nous avons mis nos bottes les plus hautes,
retroussé nos manches,
et pris nos pelles.
Prêts.
Prêts à savoir.
Prêts à retirer les couches d'incertitude.

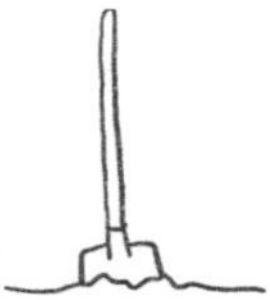

La création de la page @mother_feucoeur

Mère au foyer.
Mon plus beau métier.
Mais j'étais isolée.
Moi qui avais l'habitude d'être sur scène,
devant des centaines,
des milliers de personnes,
je me retrouvais face à deux bébés,
pas toujours fans des prestations scéniques
de leur mère.

Jusque-là,
j'avais toujours travaillé en équipe.
Mais depuis que j'étais maman,
je me retrouvais seule,
face à moi-même.

Avec tout de même Ben
les mercredis après-midi,
les week-ends,
et toutes les vacances scolaires.
De quoi bien tenir le rythme.

Hyperactive dans l'âme,
j'aimais mes journées surchargées.
Je m'organisais.
Telle une vraie P.-D.G. de la maison.

Avoir un deuxième enfant
avait accentué mon manque de relations sociales.
Parce qu'un petit bébé,
ça ne dort pas beaucoup la nuit

mais beaucoup la journée.
Nous étions tous les jours coincés à la maison.

Je ne voyais plus grand monde.
Hors mes meilleures amies du moment.
Soit,
Pauline, la kiné,
Virginie, la psychomot,
Laurine, l'orthophoniste...
Je ne suis pas sûre que notre amitié fut réciproque.
Mais quand venait Noël,
j'étais à deux doigts de leur acheter un bracelet
« ma meilleure amie ».

L'état de santé d'Aaron prenait beaucoup de place
à la maison.
J'avais besoin d'en parler,
mais aussi et surtout, de parler d'autre chose.

En lisant un livre sur la D.M.E. de Manon Brzostek
@daroniefoodclub,
déesse de la déculpabilisation sur l'alimentation
des bébés,
je suis tombée sur la préface écrite par Sophie Astrabie.
Je suis allée voir son compte Instagram @sophieastrabie.
J'ai lu ses posts.
Puis ses livres.
Et j'y ai découvert la force de l'écriture.

L'écriture.
Avec son pouvoir de délivrance.
D'extériorisation.
De conviction.
Tout ça enveloppé d'une magnifique dose d'humour.

L'humour faisait déjà partie de ma vie.
Il me protégeait.
Me défendait.
Me faisait relativiser.
Depuis que le monde était monde.

Alors j'ai créé cette page.
Mother_feucoeur.
Pour écrire.
Raconter.
Partager.
Mon histoire.
Mais surtout la nôtre.

J'ai fait entrer la poésie dans ma vie.
Et le pouvoir des mots
m'a aidée à traverser tous mes maux.

Certains de mes posts ont été partagés.
Commentés.
Likés.
Enregistrés.
J'ai commencé à recevoir des messages en privé.
Je discutais tous les jours.
Avec des mamans.
Qui se reconnaissaient.
Ou pas.
Des mamans qui appréciaient mes textes.

Tous les matins,
en buvant mon lait au café,
et pendant les siestes de mes bébés,
je n'étais désormais plus seule.

Je n'avais jamais écrit auparavant.
Du moins, jamais de cette manière.
Et bizarrement, c'était naturel.
Instinctif.
Comme si les textes m'étaient dictés.

Puis je me suis rappelé de cette fois
où, quelques mois après le décès de maman,
je suis allée voir une médium.
J'avais pris soin de noter tout ce qu'elle me disait.
Notes que je relis parfois.
Pour me réconforter.
Pour me convaincre que c'était bien ma mère,
de l'autre côté.

Certaines de ces annotations étaient,
inexplicablement,
des phrases que ma mère aurait pu dire.

Et l'une des dernières phrases notées est :
« Écris. Elle te guidera. »

De l'au-delà,
ma mère m'avait donné ce conseil.
Qui allait changer ma vie.
Bien au-delà de mes espérances.

Manon Brzostek, alias **@daroniefoodclub** sur Instagram, vit à Marseille. Elle est orthophoniste depuis 2014 et formatrice à la D.M.E., la diversification alimentaire la plus autonome possible pour les bébés.
À la naissance de sa fille en 2019, elle a décidé de croiser sa formation initiale, ses connaissances nouvelles sur l'alimentation et ses heures de veille scientifique, pour proposer un contenu de vulgarisation sur les réseaux sociaux et lors d'ateliers.
Elle est également l'autrice de plusieurs livres sur l'alimentation, dont celui que j'évoque dans mon récit : *Brocolis, Sardines et Spaghettis*, aux éditions Eyrolles.

Sophie Astrabie, alias **@sophieastrabie** sur les réseaux, est une romancière française installée à Toulouse.
Après quelques années dans le marketing, elle a démissionné pour se consacrer à l'écriture. Autrice à succès, elle a sorti en 2024 son cinquième roman, *La Chance de sa vie*, aux éditions Flammarion. Elle aime raconter des histoires et c'est ce qu'elle fait, en plus de ses livres, sur sa page Instagram.

L.A.E.P.

Instagram m'aidait.
Virtuellement.
Mais uniquement pendant la sieste des enfants.
Puisque nous n'avions pas vendu notre télé pour que,
dans la famille des sans écrans,
la mère se balade avec un Smartphone scotché
à la main.

Les jours plus compliqués que d'autres,
il m'arrivait d'aller sur leboncoin,
et de commencer une petite annonce.
« À VENDRE – Deux modèles. Moins de 3 ans.
Bon état général. Batterie qui tient bien (trop).
Modèles dernière génération. Assez gourmands.
Me contacter pour plus d'informations. »

Vendre mes enfants était illégal.
Mais surtout, une blague.
À tous ceux pour qui le second degré est seulement
une température.

Cependant, il m'arrivait,
plus sérieusement,
de taper sur mon moteur de recherche :
- Lieu mère fatiguée
- Endroit qui aide les mères au foyer
- À l'aide Google, aide-moi.

Après une infinité de recherches,
je suis tombée sur les L.A.E.P.
Lieu-accueil-enfants-parents.
Le nom me parlait.

Puis ça m'est revenu :
une éducatrice du C.A.M.S.P. m'en avait parlé.

Je me suis donc renseignée.
L'un d'entre eux se situait à 17 minutes de chez nous.
Sans inscription.
Sans obligation.
À l'improviste.
A capella.
À Toulouse.

Nous y sommes allés,
une matinée où j'étais littéralement en P.L.S.
à cause de mes enfants.

Arrivés sur place,
deux autres parents avec leurs bébés respectifs
étaient déjà là.
Ainsi que deux professionnelles.
Monique.
Comme ma mère.
Prune.
Comme une prune.

Ils se connaissaient déjà.
Depuis plusieurs mois.
Et nous ont accueillis.

La maman du bébé de 3 mois
racontait que son plus grand
venait de faire sa première rentrée des classes.
Qu'elle connaissait ce lieu depuis les premiers mois
de celui-ci.
Soit une habituée depuis trois ans.
Elle m'expliquait tous les bienfaits de ce lieu.

Et pourquoi elle répétait sans hésiter
cette même routine avec son second.
Il n'y avait que des points positifs.
Pour ses bébés.
Pour elle.

Les activités.
Les ateliers.
La complicité des parents.
L'entraide.
La bienveillance des professionnels.

L'autre parent était un papa.
Qui venait dans ce lieu
car étant père au foyer,
lui aussi désespéré certains jours,
il avait d'abord cherché sur Internet :
« Lieu pour accueillir parents et bébé et où on peut boire une bière en même temps. »

Malgré le fait que Toulouse soit la quatrième plus grande ville de France,
sa recherche n'avait pas abouti.
Puis en insistant, comme moi,
il avait fini par trouver ces L.A.E.P.
Par dépit.
Mais pas déçu non plus.

J'ai adoré cette matinée.
Nous étions tous différents,
mais pourtant tous identiques.

Malheureusement, les siestes de mon Léo
ont fini par se glisser pile-poil
sur les créneaux d'accueil de ce lieu.

J'ai donc dû cesser,
à contrecœur,
d'y retourner.
Quoi qu'avec un peu de recul,
je pense que c'était un signe.
Car il aurait suffi de quelques rencontres
supplémentaires
pour que ce papa, cette maman et moi
créions un lieu
innovant,
improbable,
jamais vu.
Un B.A.E.P.
Bar-accueil-enfants-parents.
L'idée du siècle.
En tout cas pour nous.

Qu'est-ce qu'un L.A.E.P. ?

Un L.A.E.P. (Lieu d'accueil enfants-parents) est un lieu convivial pour les petits et pour les grands. On peut y passer du bon temps avec son bébé, partager ses expériences avec d'autres parents, et rencontrer des professionnels formés à l'écoute. Pour bébé, c'est l'occasion d'explorer un nouvel environnement et de jouer avec d'autres enfants.

Il existe des L.A.E.P. dans tous les départements – on en recense plus de 1 500 sur le territoire. Ils sont soutenus et financés par les Caisses d'allocations familiales (Caf), sur le site desquelles on peut trouver leurs coordonnées (dans la catégorie « Accompagnement et information des familles »).

Le jour où j'ai été contactée par les Éditions Larousse

Quelques mois après la création de ma page
@mother_feucoeur,
je recevais un message privé :
« Bonjour Camille, Julie Martin, directrice éditoriale adjointe des Éditions Larousse... »
J'ai immédiatement fait une capture d'écran.
Alors que je n'avais même pas lu le message jusqu'à la fin,
je l'envoyais à Ben,
qui était au travail.
En légende, j'avais ajouté : « BEN BEN BEN BEN BEEEEN BEEENNNN ! »
J'avais cherché un émoji qui sautait et qui criait en même temps,
mais je n'en avais pas trouvé.

Quelques secondes après,
je redescendais de cet état d'excitation précoce.
Et si c'était une blague ?
Une arnaque ?

J'ai mis 6 minutes à répondre.
Pendant ces 6 minutes, je me suis posé beaucoup plus que 6 questions.
Je fais quoi ?
Je réponds ?
Maintenant ?
Non, j'attends.
Oh mais elle a vu que j'ai vu.
Non attends, ça fait plus pro.
Oui, attends.

Oups envoyé.
Non, tu as bien fait.
Oh mais non.
Arrrrrrrrg.

En fait, je m'étais mise dans le même état que lorsque tu as 14 ans
et que ton *crush* t'envoie un message.
Sauf que j'avais 30 ans.
Et que j'étais une femme mariée, Julie !

Quelques jours après,
je faisais une visio avec la directrice éditoriale
du secteur Santé de Larousse
et Julie.
En discutant avec elles, je me suis demandé
si travailler dans le secteur Santé chez Larousse
impliquait de prendre plus les escaliers
que l'ascenseur.

Elles m'ont fait part de leur idée.
Celle d'un livre.
Retraçant mon histoire.
Mon livre.
Que vous tenez, en ce moment-même,
entre vos mains.

Pour l'écrire, j'ai pris l'escalier.
Je suis partie de tout en bas.
J'ai monté les marches une à une.
En partant du début.
Jusqu'à la fin.
Dans ce livre il *y* a des hauts.
Et des bas.
Un peu comme dans un ascenseur finalement.

Dans cent ans,
j'imagine que ce livre sera dans la bibliothèque de mes arrière-arrière-petits-enfants.
J'imagine que ce livre sera dans la bibliothèque d'une inconnue.
Bernadette.
Oui, le prénom Bernadette sera revenu à la mode dans cent ans.

Bernadette sera tombée sur ce livre dans l'ancestrale boîte à lire rouge,
celle située à l'entrée du Jardin des Plantes,
à Toulouse,
alors qu'elle essayait d'endormir sa fille en poussette.
Ce livre aura attiré son attention.
Peut-être parce qu'elle aura, elle aussi, perdu
sa maman pendant sa grossesse.
Peut-être parce qu'elle connaîtra, elle aussi,
des difficultés de santé avec son enfant.
Ou peut-être parce qu'elle sera tout simplement maman.

J'anticipe votre question,
qui est de savoir comment j'écris un livre avec deux enfants en bas âge à la maison.
Aucune idée.
Aucune astuce.
Je pose mes écrits ici,
dès que la vie me propose un interlude.
Pendant qu'ils sont avec leur père.
Pendant leurs siestes.
En troquant ma sieste à moi,
et en espérant qu'il vous apportera un peu de répit,
à vous.

En contrepartie,
si vous appréciez ce livre,
vous pouvez venir garder mes enfants.
Afin que je rattrape toutes mes siestes.

Cordialement :)

T.I.S.F.

Je n'allais plus au L.A.E.P.
Mais certaines de mes journées restaient parfois difficiles.
De plus,
les siestes de Léo s'étant calées sur une partie de la matinée,
je me retrouvais coincée pour amener Aaron
à ses séances
de kiné,
de psychomot.

J'avais donc repris ma prospection sur mon moteur de recherche :
- Aides à domicile quand tu es mère au foyer
- Prix d'une nounou à domicile
- Accueillir une jeune fille au pair
- Adopter un chien d'assistance

Après avoir découvert et comparé plusieurs de ces aides,
je suis tombée sur une association de T.I.S.F.
Au début, je me suis demandé
ce que venait faire une association de coiffeurs dans ma recherche.
Puis j'ai compris qu'il n'y avait aucun rapport
entre T.I.S.F.
et tifs.

Une T.I.S.F. est une professionnelle
qui intervient auprès des familles
et des personnes qui rencontrent des difficultés passagères.

Son objectif est de préserver leur autonomie
et de les soutenir.
En les aidant dans leur quotidien.

Je ne savais pas si ma demande était légitime.
Syndrome de l'imposteur, bonjour.
Puisque mes « difficultés passagères » étaient
mes deux enfants,
que j'avais voulus.
Que je devais assumer.

Un qui ne marchait pas,
sans que l'on sache encore pourquoi.
Et un qui avait envie de courir,
avant de savoir ramper.

Mais je devais essayer.
Alors j'ai téléphoné.
Et quelques jours plus tard
venait à mon domicile une responsable,
afin de discuter de mes besoins.

Je lui ai parlé des rendez-vous médicaux d'Aaron,
qui tombaient pendant la sieste de Léo, le matin,
et que je n'avais pas réussi à déplacer à l'après-midi.
Elle a donc noté une intervention.
Pour les mardis matin.

Puis elle m'a posé cette question,
à laquelle je ne m'attendais pas :
« Avez-vous besoin d'une aide supplémentaire
pendant la semaine ? »
À ce moment-là,
j'ai bégayé.

J'ai eu envie de lui expliquer mon projet de livre,
les moments d'écriture qu'il fallait que je me dégage.
Mais rien ne sortait de ma bouche.
Ou plutôt des mots.
Par-ci.
Par-là.
Un oui.
Incohérent.
Sa question m'avait fait l'effet d'une question piège
lors d'un entretien d'embauche.
Ou alors, je faisais encore un A.V.C.

Elle m'a coupé la parole.
De manière bienveillante.
En me rassurant.
Me disant qu'elle allait noter la demande
d'une seconde intervention dans la semaine.
Avec pour simple et unique motif :
respirer.
Respirer était un motif valable.
Alors j'acquiesçai d'un mouvement de tête,
de haut en bas.

C'est ainsi que,
tous les mardis matin
depuis plusieurs mois,
Émilie vient à la maison pour garder Léo
pendant la séance de psychomotricité d'Aaron.
Mais aussi
tous les jeudis matin,
pour garder Aaron et Léo.

Merci Émilie ♡ pour ton soutien.
Et ton écoute.

Les aides à domicile

La Caf a identifié plusieurs changements de situation familiale pouvant nécessiter une Aide à domicile (A.A.D.) par un professionnel :

- Lors de l'arrivée d'un enfant ;
- Lors d'une recomposition familiale, d'un déménagement, de la maladie d'un enfant ou d'un parent, de l'entrée à l'école... ;
- En cas de séparation, décès... ;
- Lorsqu'un parent seul s'inscrit dans une démarche d'insertion socio-professionnelle ;
- Lorsqu'un parent d'enfant porteur de handicap a besoin de répit et d'être accompagné dans ses démarches concernant son enfant.

La Caf finance une grande partie de l'intervention. Il est demandé à la famille une participation calculée en fonction de son quotient familial et qui peut aller de 0,13 € à 11,88 € de l'heure.

À Toulouse, il y a trois Services d'aide et d'accompagnement à domicile (S.A.A.D.) conventionnés par la Caf :

- A.M.F.P.A.D.
- Solidarité Familiale
- A.D.M.R.

Pour ma part, je passe par **Solidarité Familiale**. Il a fallu compter une dizaine de jours entre le premier appel et la mise en place de la première intervention. En cas d'urgence, ces délais peuvent être plus courts.

Les tâches pouvant être effectuées par les Techniciens de l'intervention sociale et familiale (T.I.S.F.) de Solidarité Familiale sont les suivantes :
- Aide à la parentalité ;
- Aide aux soins de puériculture (bains, changes, biberons) ;
- Activités d'éveil et de stimulation des jeunes enfants ;
- Promenades, accompagnement à l'école et aux activités de loisirs, soutien scolaire ;
- Accompagnement pour rendez-vous extérieurs, shopping ou autres ;
- Préparation des repas ;
- Aménagement du domicile avec la famille ;
- Aide administrative (prises de rendez-vous, courriers, démarches diverses) ;
- Aide à la gestion du budget.

Solidarité Familiale propose aussi des aides ménagères, sur le même tarif que les T.I.S.F.

N'hésitez pas à contacter votre Caf afin d'avoir toutes les informations nécessaires sur les aides disponibles autour de chez vous.

A.J.P.P. et autres aides

Notre vie d'aujourd'hui
est principalement constituée
d'acronymes et de sigles.
Quand nos amis nous demandent des nouvelles
d'Aaron,
et qu'on se lance dans des explications,
on remarque rapidement qu'on ne parle plus
la même langue.

« Non, je ne vais plus au L.A.E.P. J'ai une T.I.S.F.
qui vient deux fois par semaine. »
« Oui, nous avons fini de monter le dossier M.D.P.H.
Nous demandons une A.E.S.H. à temps complet.
Ainsi que des aides financières A.E.E.H. ou P.C.H. »
« Oui, Aaron est toujours pris en charge par
la P.C.O., mais nous allons quitter le C.A.M.S.P.
pour Paul Dottin. »
« Oui, il a une I.R.M. prévue. »
« Je ne travaille pas, non. Mais heureusement
je perçois l'A.J.P.P. »

Kamoulox.

Cependant, je ne pouvais pas écrire ce livre sans vous
parler de cette dernière aide.
Qui ne m'a pas été conseillée par un médecin.
Ni par une assistante sociale.
Mais que j'ai trouvée moi-même.
En parcourant la page Instagram
de la maman d'un enfant extraordinaire.

A.J.P.P.
Allocation journalière de présence parentale.

La condition pour percevoir cette aide
est d'avoir un enfant de moins de 20 ans
gravement malade,
handicapé
ou victime d'un accident grave,
nécessitant la présence d'une personne à ses côtés.

Handicap est un mot terrifiant...
Il me brûle la gorge.
Il me mouille les yeux.
Il brouille son avenir.

J'ai malgré tout fait la demande.
Avec mon médecin.
Et elle a été acceptée.

Handicap ou pas,
mon souhait
était de rester présente pour mes enfants
jusqu'à leur scolarité.

Alors parfois,
il m'arrive de culpabiliser d'être payée
pour quelque chose que j'aurais fait gratuitement.
Et puis certains jours,
plus que d'autres,
je me rends compte de la dureté de notre situation.

Notre quotidien
ne ressemble en rien
à ce que je m'étais imaginé.

Loin des balades en forêt,
à courir derrière les écureuils
ou à sauter d'arbre en arbre.

Nous courons après les rendez-vous.
Sautons d'examen en examen.
C'est ça,
notre réalité.

Aujourd'hui,
je suis donc rémunérée.
Reconnue parent « aidant ».
Et si mère au foyer est un métier particulièrement
compliqué,
celui de mère aidante l'est encore plus.

J'espère, à travers ce texte,
faire découvrir ce statut à certains parents.
Afin de les soulager.
De les aider à diminuer
ne serait-ce qu'une partie
de leur stress incessant,
dans leur tête,
mais surtout dans leur cœur.
En les aidant,
au moins,
à avoir des aides financières.

Puisque c'est quand même plus confortable
d'essuyer ses larmes
avec un papier absorbant triple épaisseur,
qu'avec un mouchoir bas de gamme.

Mon conseil
Si vous avez un enfant qui rencontre des difficultés de santé, n'attendez pas pour lancer les démarches. Renseignez-vous vite, lancez-vous vite, quitte à tout annuler si besoin.

Quelques pistes :

- Rencontrer une assistante sociale de l'hôpital qui suit votre enfant ou d'une Maison des solidarités (M.D.S.) ;
- Monter rapidement un dossier M.D.P.H. ;
- S'informer sur les aides financières (A.J.P.P., A.E.E.H., P.C.H.).

L'Allocation journalière de présence parentale (A.J.P.P.)
Son montant varie en fonction du revenu et de la situation, entre environ 43,87 € et 55,93 € par jour. Elle peut être versée pendant 310 jours maximum.
Vous pouvez également bénéficier d'un complément mensuel de 126,20 € si vous avez des dépenses liées à l'état de santé de votre enfant d'un montant égal ou supérieur à cette somme. Ce complément n'est pas dû en cas d'interruption ou de fin de droits à l'A.J.P.P.
Retrouvez plus d'informations sur : https://www.caf.fr/allocataires/aides-et-demarches/droits-et-prestations/handicap/l-allocation-journaliere-de-presence-parentale-ajpp

L'Allocation d'éducation de l'enfant handicapé (A.E.E.H.)
Le montant de base de l'A.E.E.H. s'élève à 149,26 € par mois et varie en fonction du degré de handicap de l'enfant. Il peut être majoré d'un complément accordé par la Commission des droits et de l'autonomie des personnes handicapées (C.D.A.P.H.), pour s'adapter à votre situation.
À noter : une majoration de l'A.E.E.H. peut être versée à un parent isolé. Pour connaître les montants, rendez-vous sur le site de la Caf (https://www.caf.fr/allocataires/aides-et-demarches/droits-et-prestations/handicap/l-allocation-d-education-de-l-enfant-handicape-aeeh).

La Prestation de compensation du handicap (P.C.H.)
La P.C.H. comprend cinq formes d'aide :
- Humaine ;
- Technique ;
- Aménagement du logement ou du véhicule, ou prise en charge des surcoûts liés aux transports ;
- Prises en charge spécifiques ou exceptionnelles liées au handicap ;
- Animalière.

Cette aide est attribuée sans conditions de ressources. Toutefois, vos ressources sont prises en compte pour déterminer le taux de prise en charge de vos dépenses liées au handicap. Ainsi, celles-ci sont prises en charge à 100 % si vos ressources annuelles sont inférieures ou égales à 30 398,54 €, ou à 80 % si elles sont supérieures.
Retrouvez plus d'informations sur : https://www.service-public.fr/particuliers/vosdroits/F14202

À noter : pour demander l'A.E.E.H. et/ou la P.C.H., il faut avoir un dossier M.D.P.H. validé.

En plus
Des demandes d'aide financière peuvent être adressées aux assistantes sociales du Conseil départemental ou du Centre communal d'action sociale (C.C.A.S.).
La Caf et certaines mutuelles peuvent par ailleurs contribuer à la prise en charge de vos dépenses : par exemple, pour des vacances ou une aide dans le cadre de la scolarisation.

La boucle est bouclée

La suite de cette histoire,
vous la connaissez.
C'est le rendez-vous pour l'I.R.M. d'Aaron,
le 31 janvier 2024.
Soit neuf mois après notre premier rendez-vous
au C.A.M.S.P.
Neuf mois d'attente pour concevoir un enfant,
c'est nécessaire.
Neuf mois d'attente pour réaliser une I.R.M.
à un enfant,
c'est grave.

I.R.M. avec laquelle notre vie a basculé.
Le diagnostic de paralysie cérébrale étant tombé.
Enfin...
Non.
Pas vraiment.
Le diagnostic de séquelles de leucomalacie
périventriculaire étant tombé.
Car nous apprendrons
seulement quelques mois plus tard
que ces deux mots imprononçables étaient...
une paralysie cérébrale.

J'ai encore quelques mots à écrire
sur ce merveilleux combat.
Mais je garde le meilleur pour la fin.

Avant de continuer sur ce sujet,
laissez-moi vous expliquer d'où vient notre force.
Notre résilience.

J'ai entendu un jour
que ce sont les tragédies qui définissent nos vies.
Que nos tristesses
sont les pilotis sur lesquels reposent les fondations
de notre existence.

Vous vous souvenez du jour où j'ai appris
que je portais la vie, pour la première fois ?
Et de l'appel de ma mère, quelques minutes après,
pour m'annoncer qu'elle allait perdre la sienne ?

Nos solides fondations viennent de là.
Et je crois que c'est le moment
de vous le raconter.

Retour en arrière

La première échographie du premier bébé

Décembre 2020.
Ça faisait quelques jours que j'essayais de digérer
la victoire et la défaite
qui s'étaient présentées à moi.
En même temps.

La victoire
de Ben et moi,
celle de devenir enfin parents.

La défaite,
celle de ma mère.
Face à ce cancer devenu mortel.

Alors que ses médecins à elle
venaient de lui annoncer que dans quelque temps
elle ne serait plus là,
mon médecin à moi
venait de me prescrire une échographie de datation.
Pour savoir depuis combien de temps
il était là.
Pour savoir dans combien de temps
il serait vraiment là.

Impatiente,
je me suis rendue à ce rendez-vous.
Seule (merci le COVID-19).
Avec mon stress.

J'avais regardé sur Internet le déroulé de cet examen.
Dans le meilleur des cas,
on voit le petit bébé
de manière classique.
Une sonde posée sur l'abdomen.
Dans l'autre cas,
on voit le petit bébé
en passant une énorme sonde
par l'entrée des artistes.

Il fallait venir la vessie pleine.
Moi, elle était tellement pleine que j'avais peur
d'étouffer le bébé.
Mais en plus, j'étais terrorisée.
Alors j'avais très envie de faire caca. (#glamour)
Mais je savais qu'il était impossible,
en allant aux toilettes,
de lâcher l'un sans l'autre.

Quand l'échographiste m'a appelée pour l'examen,
je me suis dirigée vers la petite pièce en serrant fort
le périnée.
Et les fesses.

La dame avait l'air aussi aimable que la porte
de mon garage.
Elle m'a posé plein de questions fermées.
Alors je répondais.
Parfois par oui.
Parfois par non.
Parfois par je ne sais pas.
Et elle,
par rien.

Est venu le moment où elle a appliqué un gel gelé
sur mon ventre.
Puis une sonde par-dessus.
Elle râlait, disant qu'elle ne voyait rien.
Sur le moment, j'ai cru qu'il n'y avait plus rien.
Du tout.
Mais non.
Elle continuait de râler, disant que je devais être
trop pressée,
donc venue trop tôt.
Moi, j'avais juste obéi à la prescription de mon
médecin.
Et la seule chose pour laquelle j'étais pressée,
c'était d'aller aux toilettes.

Elle m'a dit de retirer mon pantalon.
Et a attrapé une grande baguette.
Comme celle d'Harry Potter.
J'ai compris qu'elle n'allait pas faire un tour de magie,
mais passer par l'autre option.

Quelques secondes après,
j'avais très très envie de faire pipi sur la table
d'examen.
Et très très envie de pleurer.
De joie.
Quand je l'ai vu.

C'était la fin de mon intimité.
Mais je crois que c'est ce qui a rimé le plus
avec maternité.

En sortant de la petite pièce,
j'ai retraversé la salle d'attente.
Il y avait plein de femmes d'une quarantaine d'années.
Dossier de mammographie sous le bras.
Je me suis dit que cette vilaine échographiste
avait sûrement choisi ce métier
pour pouvoir dire avec facilité :
« Félicitations c'est un cancer. »
Mais avec difficulté :
« Félicitations c'est un bébé. »

Je suis sortie avec des photos dans une pochette.
Et me suis empressée de rejoindre Ben
dans la voiture.
Il m'a regardée.
Je l'ai regardé.
Je lui ai dit deux choses.
« Vite, il faut que j'aille aux toilettes. »
« Regarde, c'est des photos de notre bébé. »

On a pleuré.
Et j'ai compris que l'expression
« pleure, tu pisseras moins »
est complètement du pipeau.

Des larmes de joie coulaient sur mes joues.
Chevauchées de larmes de tristesse.
Était-ce autorisé d'être heureuse de devenir mère,
alors que j'étais en train de perdre la mienne ?

Je n'ai jamais vraiment su répondre.
Puisque, quand la mort se mêle à la vie,
c'est tout le cœur qui s'emmêle.

Ma priorité

À cette période, je me disais que je connaissais
ma mère depuis 27 ans.
Ce bébé, depuis quelques jours.
Sur la balance des priorités,
c'est ma mère qui pesait le plus.
Pourtant, elle n'était pas bien lourde.
Et ça n'allait pas faire en s'arrangeant.

Mais j'ai aussi aimé ce bébé.
Dès les trois tests de grossesse.
Je ne peux pas dire que je négligeais cette grossesse.
Je mangeais du fromage pasteurisé.
Ou du comté.
Non pasteurisé, certes,
mais autorisé par ma fromagère.
Je lavais mes fruits et légumes au vinaigre blanc.
Ou les achetais surgelés en cas de « flémingite » aiguë.
Je n'ai pas mangé d'aïoli.
Ni de foie gras à Noël (terrible épreuve, Noël enceinte).
Je continuais mon sport.
Je ne fumais plus.
Je buvais.
Beaucoup d'eau.
Et de Tourtel.
J'ai même diminué les McDo.
Bref.
Je mangeais bien.
Je bougeais bien.
Je respectais tout des slogans alimentaires
dans les publicités.

Quand l'état de ma maman a commencé
à se dégrader,
avec Ben nous sommes allés nous installer
dans une résidence secondaire de la famille.
À côté de chez ma mère.
En bord de mer(e).

Je ne voulais plus dormir dans sa maison,
car elle se crevait
à paraître.
Alors, à part être
encore plus fatiguée,
ça ne lui apportait rien.

Quand son état s'est sérieusement détérioré,
et qu'elle a eu besoin d'une surveillance non-stop,
je suis retournée dormir chez elle.
Pour aider mon beau-père.
Pour profiter d'elle.

À la fin, elle n'arrivait plus à rien.
Alors, enceinte ou pas,
je me devais d'arriver à tout.

En moi, la vie d'un bébé apparaissait.
À côté de moi, celle de ma mère disparaissait.
Je me sentais écartelée.
Entre la vie
et la mort.
Mais j'étais là.
À ma place.
Avec les deux êtres
les plus importants pour moi.
En même temps.

Les doudous

On ne parlait pas tellement du bébé avec ma mère.
En parler aurait rendu la situation réelle.
En parler nous aurait forcées à nous projeter.
À nous imaginer ce futur proche.
Avec sûrement
un petit bébé en plus.
Mais possiblement
une grande personne en moins.

De temps en temps,
gênée de lui exploser mon bonheur au visage,
je lui montrais l'avancée de la chambre,
ou bien le matériel de puériculture pour lequel
j'avais opté.
Elle acquiesçait.
Souvent.
Était d'accord sur tout.
Ce qui ne lui ressemblait pas.
Peut-être se disait-elle que,
quand les jours manquent à la vie,
il est plus simple de dire oui
aux jours qu'il reste.

Bien que je croie qu'elle n'était pas fan du prénom.
Aaron.
Au vu des listes de prénoms masculins 
qu'elle continuait de m'envoyer.
Mais elle l'aurait tout de suite aimé,
si elle avait connu le petit garçon qui le porte.

À cette période-là, ma mère était souvent hospitalisée.
Elle restait radieuse.
Et sociable.
Un vrai rayon de soleil.
Jusqu'à ce qu'ils commencent les rayons.

Elle connaissait toutes les infirmières.
Et toutes les infirmières la connaissaient.
Un jour, j'ai croisé deux d'entre elles à l'hôpital,
dans ce long couloir qui hante mes nuits.
Du coin des lèvres, elles m'ont chuchoté :
« Votre mère n'a qu'un seul mot dans la bouche,
tenir jusqu'en août. »
Mon terme était prévu le 12 août 2021.

Elle se battait.
Pour lui.
Et lui et moi nous battions pour elle.
En silence.

Elle était proche des infirmières.
Mais haïssait les médecins.
Quand ils lui annonçaient des résultats,
ses grands yeux les bombardaient à coups de :
« J'm'en balek, j'm'en balek, j'm'en balek. »

C'était son mot.
Sa force.
Sa résilience.
Elle le disait tout le temps.
« Balek ».

Une fois,
alors qu'elle était autorisée à rentrer chez elle
quelques jours,
j'ai débarqué.
Mais je ne pouvais pas rester.
J'étais « cas contact ».

Je suis allée la voir.
Masquée.
Dans le garage.
J'en ai profité pour récupérer son tapis de marche.
Dont elle ne se servait plus,
et dont moi j'avais intérêt à me servir.

Elle m'a tendu une petite boîte.
Perplexe, je lui ai demandé ce que c'était.
Elle m'a dit de l'ouvrir.
Je me suis exécutée.
J'ai découvert un petit lapin blanc.

Instinctivement, je lui ai rendu sa boîte.
Je lui ai dit :
« Non maman, garde-le. Tu lui donneras, toi. »
Elle m'a lancé un de ses regards silencieux,
de ceux qui veulent tout dire.
Elle m'a remis la boîte dans les mains.

Dans la voiture,
j'ai chargé le tapis de marche,
le petit lapin blanc,
et déchargé
toutes les larmes de mon corps.

Effectivement,
c'est moi qui donnerais ce petit lapin
à mon fils quelques mois plus tard.
Tout en lui disant :
« C'est le doudou de mamie.
Il s'appelle Balek.
Et elle s'appelait Mamie Monique. »

Aujourd'hui,
Aaron a toujours son petit lapin blanc.
Léo, lui,
s'est vu offrir plusieurs doudous à sa naissance.

Une super poule,
par Mamou.
Une magnifique petite abeille,
par Marraine Lilie.
Un petit éléphant,
par Papou.
Et j'en passe.
Des rayés, dépareillés.

Mais comme dans *Koh-Lanta*,
après l'épreuve des poteaux,
il n'en restera qu'un.

Il m'est important de préciser quelque chose.
Ma mère avait un don.
Le don d'offrir LE doudou de naissance.

N'importe quel doudou qu'elle ait pu offrir,
à n'importe quel bébé de la famille,
était LE doudou que l'enfant allait choisir.
Même ma nièce,
à qui elle n'avait pas offert de doudou
mais une couverture,
a choisi la couverture elle-même
comme doudou.

L'épreuve des poteaux passée,
Léo avait fait son choix.
Apparemment, ma mère avait laissé son don
en héritage.
À son mari.
Mon beau-père.
Papou.

Son doudou est donc un éléphant.
Qui aurait pu s'appeler Babar.
Ou Dumbo.
Mais qui s'appelle Ouille. 

Puisque Ouille, Balek Ouille.
Un peu comme James Bond
Mais en plus classe.

J'm'en balek du muguet !

Avril 2021.
Commence une nouvelle hospitalisation
pour ma mère.
La famille n'est pas autorisée à dormir à l'hôpital.
Les médecins savent que je suis enceinte.
Pourtant, ils n'ont pas l'air de mesurer
le pouvoir des hormones qui vont avec.
Je les rappelle.
Et le soir même,
une personne est autorisée à rester dormir avec elle.

J'établis un planning.
Avec un roulement.
Un jour c'est mon beau-père.
Un jour ma sœur.
Un jour mon frère.
Un jour moi.
Et on recommence.

Le samedi 1er mai, c'est au tour de mon beau-père.
Je suis donc à Toulouse.
On m'offre du muguet pour la première fois de ma vie.
Accroché à la brindille, un écriteau :
« Je porte bonheur. »
Je le pose sur le buffet du salon.
Tout en espérant très très fort qu'il nous procure
ce qu'il promet.

Le dimanche 2 mai, c'est à moi.
Je redescends à Montpellier.
Afin de dormir avec ma mère.
Je suis enceinte de six mois.

Je déplie le fauteuil gris, et m'installe à côté d'elle.
Bercée par les coups de pied de mon fils.
Et le bip des machines branchées à ma mère.

Ça fait plusieurs jours que maman est sous morphine.
Les douleurs étaient bien trop fortes.
Malgré sa résistance.
La morphine fait
qu'elle ne souffre plus.
La morphine fait
qu'elle n'est plus vraiment là.

Le lundi 3 mai au matin sont prévus les premiers rayons.
Ultime traitement.
Afin d'essayer de traiter une de ses tumeurs
à la gorge.
Un brancardier vient la chercher.
Elle ne réagit pas.
Jusqu'à présent, quand elle avait un soin,
on l'asseyait dans un fauteuil.
Ce matin, il emporte directement son lit.
Avec elle, allongée dedans.
Et le regard toujours vide.

J'appelle toute la famille.
Je leur dis de venir.
Tout le monde travaille.
Ou presque.
J'insiste.
La famille proche arrive.
Mais seuls mon frère, ma sœur, mon beau-père et moi sommes autorisés à être avec elle.

Ma mère émerge un peu de sa morphine matinale.
J'en profite pour descendre voir Ben qui est avec
le reste de la famille en bas de l'hôpital.
Nous allons chez Burger King pour nourrir
toutes les bouches présentes.
Ma mère veut une glace.
Je lui prends un *sundae* caramel.

On revient avec des poches remplies de frites
et d'hamburgers.
Mais personne n'a faim.
Quand ça sent la fin.

Les derniers jours, ma mère ne parlait plus.
La tumeur l'en empêchait.
Alors on jouait au jeu des mimes pour la comprendre.
Généralement, on ne comprenait rien.
Ça l'énervait.

Mais là, je comprends qu'elle n'a plus de lingettes bébé.
Elle sourit.
Je file au supermarché avec Ben.
Dans le magasin, j'appelle mon frère,
il ne me répond pas.
J'appelle ma sœur,
elle ne me répond pas.
J'appelle mon beau-père,
il ne me répond pas.
On s'empresse de rentrer.

À mon retour, ma mère est toujours dans son lit.
Mes proches autour.
Elle fait une crise de panique.
La scène est indescriptible.
L'état de maman me déchire de l'intérieur.

Je sors de la chambre.
Directement.
J'ai du mal à respirer.
J'ai peur.
Peur de la voir comme ça.
Peur de faire du mal à mon bébé.

Les minutes passent.
Apparemment, son état ne se calme pas.
Je me conditionne.
Je respire.
Je me prépare.
À ce moment-là,
seuls mon frère et ma sœur sont à ses côtés.
Je me dois d'être là.

Je tremble en poussant la porte de sa chambre.
Elle est allongée.
Dans le même état que tout à l'heure.
Mon frère, sur sa droite, lui caresse le visage.
Ma sœur, sur sa gauche, lui caresse les cheveux.
Ils tentent de la calmer.
En vain.
Je pose ma tête sur son ventre.
Mes bras enlacent ses jambes.
Sur le téléphone de ma sœur,
Céline Dion chante qu'il suffirait d'aimer.

Ma tête monte,
descend,
monte,
descend,
au rythme de la respiration de ma mère.
Affolée.
Bruyante.

Puis plus.
Silence.
Ma tête est restée en bas.

Je relève la tête.
Regarde simultanément mon frère et ma sœur.
Terrorisée.
Sans prendre le temps de percevoir la même terreur
dans les yeux de mes deux aînés,
je fuis.

Je me lève brusquement.
Je cours.
Je dois sortir de cette chambre.
Je ne veux pas que cette situation soit réelle.
Je fuis.
La réalité.

Je passe la porte de la chambre.
La claque derrière moi.
Effondrement.
Mes jambes me lâchent.
Mon ventre de six mois de grossesse est coincé
entre mes genoux et ma poitrine.
Je n'arrive plus à respirer.

J'hurle dans ce long couloir.
Je n'entends pas ma sœur hurler sur ma mère.
Je n'entends pas mon frère essayer de calmer
ma sœur.

Je suis incapable de dire combien de temps
cette situation dure.
Je sors mon téléphone.
J'appelle Ben.

Qui est en bas avec le reste de la famille.
J'essaye d'aligner des mots.
Je tremble.
Je suffoque.

Ben arrive.
Me prend dans ses bras.
Il ne comprend rien.
Moi non plus.
J'essaye de lui expliquer.
Le silence.
Ma tête restée en bas.
J'ai peur.
J'ai froid.
Dites-moi qu'elle s'est endormie.
Dites-moi que c'est juste sa crise d'angoisse qui a cessé.

Mon frère nous rejoint dans le couloir.
Il sort doucement de la chambre.
En prenant soin de ne pas claquer la porte.
À cet instant, je me sens tellement rassurée.
Il fait doucement car il ne veut pas la réveiller.
Sa crise s'est calmée.
Enfin.

Mon frère fait quelques pas vers moi.
Regarde Ben.
Ben comprend qu'il doit passer le relais.
Mon frère me prend dans ses bras.
Il nous englobe.
Mon bébé et moi.
Puis murmure à mon oreille cette petite phrase, qui marquera mon âme à vie :
« C'est fini. »

Depuis ce 3 mai 2021, à 17 h 50.
Je n'ai plus jamais mangé de Burger King.
Je n'ai plus jamais accepté de muguet un 1er mai.

Puisque c'était fini.
Puisque c'était foutu.
Ma mère avait perdu son combat.
Et nous, nous avions perdu notre mère.

Ma mère que j'ai connue pendant 27 ans.
Et qui n'était qu'à 69 jours
de connaître le nouvel amour de sa vie.
« Le BB de son BB. », comme elle l'avait nommé.

♥

Maman

Ce qui me manque, ce sont nos 63 appels.
Par jour.
Sa voix.
Son rire.
Communicatif.
Son odeur.
Ses fossettes.
Ses grains de beauté.
Surtout celui sur son nez.
En relief.
Ses mains.
Ses ongles.
Si beaux et qui grattaient si bien mon dos.

Parfois,
souvent même,
je me demande ce qu'elle m'aurait dit.

Je suis sûre qu'elle aurait comparé sans cesse
mes enfants
à celle que j'ai été.

Elle leur aurait fait goûter toutes ces choses
que je trouve trop sucrées.
J'aurais râlé.
Elle m'aurait dit : « Tu me fais "caguer". »

Elle m'aurait emmenée à Orchestra,
et j'aurais vécu cette traditionnelle dispute mère-fille
du « c'est moi qui paye » à la caisse.

Elle m'aurait donné son ultime ingrédient
pour réussir la tarte aux pommes.

Elle m'aurait dit de lui ramener son Tupperware®,
dans lequel elle aurait mis son riz,
qu'elle aurait « fait à la "viteuf" ».

Elle aurait kidnappé mes enfants.
Et je l'aurais laissée faire.

Elle les aurait bouffés,
les deux.
Ils m'en auraient fait baver,
les trois.

Elle m'aurait dit de les laisser pleurer.
Je lui aurais dit : « C'est l'origine de mes crises
d'angoisse. »

Elle m'aurait dit de mettre du miel sur leur tutu.
Je lui aurais dit : « Botulisme. »

Elle m'aurait dit de ne pas dormir avec.
Je lui aurais dit : « Tu m'agaces. »

Elle aurait ri.
Et m'aurait dit : « Casse-couilles. »

Je lui aurais demandé conseil sur à peu près tout.
Alors que je l'aurais écoutée sur à peu près rien.

On se serait disputées. Oh oui, c'est sûr.
Mais je lui aurais dit : « Je t'aime. »
Et elle m'aurait répondu : « Moi aussi mon bébé. »

Elle me manque.
Terriblement.
Et il n'y a pas un jour sur cette planète
où je ne pense pas à elle.

C'était une force de la nature.
Et écrire sur elle au passé,
même trois ans après,
me déchire le cœur.

Aujourd'hui plus que jamais,
je comprends que ce bel avenir qui m'attend
n'est que son œuvre à elle.

Je l'aimais sans le savoir.
Et je l'aimerai toute ma vie.
Puisque perdre une mère,
c'est en parler au passé,
pour mieux l'aimer au futur.

M.A.P.

5 mai 2021.
Nous sommes dans un petit salon climatisé,
aux côtés de ma mère.
Allongée sur une plaque réfrigérante.
Pendant la journée,
je suis prise de grosses douleurs dans le bas-ventre.
Ma famille me traîne de force aux urgences.
À l'échographie,
tout va bien.
Pourtant à l'intérieur de moi,
tout va mal.

Deux jours passent,
pendant lesquels nous restons au salon funéraire
du matin
au soir.
Jusqu'à ce qu'on nous mette dehors.

La cérémonie se déroule le 7 mai 2021.
J'enfile une combinaison pourpre.
Puisque je ne veux pas de noir
pour la femme la plus rayonnante de l'univers.
Mais aussi car c'est la seule tenue dans laquelle
je rentre.
Une main sur mon ventre arrondi.
Une main sur son cercueil-tombeau.
Avant qu'il parte en fumée.
Adieu Mam's.

Nous rentrons à Toulouse.
Je me réveille toutes les nuits.
Et toutes les nuits c'est le même schéma.

J'ouvre les yeux.
Pendant trois secondes, je crois que j'ai fait
un cauchemar.
Puis, à la quatrième seconde,
la réalité ressurgit.
Je m'effondre.
À chaque réveil,
je perds ma mère de nouveau.
Chaque nuit dans les bras de Ben.
Elle n'existe plus.

Fin mai, ma famille vient passer quelques jours
à la maison.
Pour me soulager.
Pour nous soutenir.
Ensemble.

À leur départ, mes douleurs au ventre sont toujours
présentes.
Elles me laissent 5 minutes de répit.
Puis reprennent.
Sans jamais vraiment s'arrêter.

Je ne m'affole pas.
À l'échographie, tout allait bien.
Ma belle-mère, plus inquiète, contacte son amie.
Amie qui se trouve être mon obstétricienne
et sage-femme.
Marie.

Marie nous dit de venir consulter.
On obéit.
Pour se rassurer.
Rassurer nos proches.
Mais surtout pour l'écouter.

Marie est très gentille.
Mais elle me fait un peu flipper.

Nous arrivons à la maternité.
J'attends 3 minutes en salle d'attente.
On nous reçoit dans une toute petite pièce d'examen.
Une échographiste m'interroge.
Beaucoup plus gentille que celle de ma première échographie.

Elle me pose plein de questions.
Questions ouvertes, cette fois-ci.
Certaines déclenchent
l'ouverture de mes vannes lacrymales.

Elle réalise une échographie.
Puis tout s'enchaîne.
D'autres personnes entrent dans cette petite pièce de 5 m^2.
Ça se bouscule.
Sans s'affoler.
Mais on comprend qu'il y a quelque chose qui cloche.

Une pose des sangles autour de mon ventre.
Pendant qu'une autre m'examine.
Une me prend la tension.
Une autre, l'oxygène.
Oxygène impeccable.
Alors qu'à ce moment-là,
je commence sérieusement à manquer d'air.

J'ai juste envie de hurler.
Mais je n'y arrive pas.

Je dois vivre,
pour lui,
alors qu'une partie de moi vient de mourir,
avec elle.

Une infirmière dit à Ben qu'il faut préparer une valise.
Je dois rester.
Pour M.A.P.
Menace d'accouchement prématuré.
Elle nous parle de col dilaté.
De col raccourci.
J'attendais le col roulé, mais elle ne l'a pas dit.
Mes douleurs sont des contractions.
Indolores.
Ou alors c'est moi qui ne ressens plus rien.
Mais elles ont fait bouger mon col.

On me donne des comprimés pour les stopper.
On me fait des piqûres horriblement douloureuses
dans la fesse droite.
« C'est pour faire maturer les poumons de votre
bébé. »
Moi je crois surtout que c'est pour faire maturer
mon derrière.

Je suis restée hospitalisée deux mois.
Avec quelques sorties de temps en temps.
Et sage-femme à domicile tous les jours de sortie.
Pour surveiller.

Ce long séjour à l'hôpital
m'a fait mal,
psychologiquement et financièrement.
Entre ça et les piqûres,
on peut dire que mes fesses n'ont pas été épargnées.

Les séjours à l'hôpital étaient émotionnellement
insupportables.
J'en sortais à peine,
avec ma mère.
Tout me faisait penser à elle.
Les lits.
Les télécommandes.
Les plateaux-repas.
Les fauteuils.
Les douches.
Les télés articulées.
Les toc toc toc matinaux.
Tout.

Plusieurs fois,
les médecins ont dû stopper mes contractions.
Plusieurs fois,
les médecins ont dû faire maturer les poumons
de mon bébé,
et mes fesses par la même occasion. 

Un soir de juillet, alors que nous dormons à l'hôpital,
j'entends un gros ploc.
J'ai l'impression que mon cœur a explosé.
Ce qui ne m'aurait pas étonnée,
vu l'état dans lequel il était.

On m'examine.
J'ai perdu les eaux.
Déclenchement prévu,
lundi matin.

Dimanche soir.
Ben regarde la finale de l'Euro,
sur la télévision au bras articulé.

Moi, je colorie des mandalas,
pour me détendre,
dans le magnifique livre que ma belle-mère m'a offert.

Tous les jours, Ben et moi colorons ces minuscules cases.
À la fin de chaque dessin, nous écrivons un petit mot pour notre fils.
Sur les premières pages est inscrit :
« On t'attend, mais reste encore un peu au chaud p'tit loup. Papa & Maman. »
Ce soir du 11 juillet, on inscrit :
« Allez mon p'tit loup, tu es bientôt avec nous. »
Sans savoir que notre bébé va le prendre au pied de la lettre.

Pendant le match de Ben à la télé,
mes contractions reviennent.
Naturellement.
Sans déclenchement.
Angleterre-Italie.
Prolongations.
Puis penalty.
Interminable.
Autant pour lui
que pour moi.

Le lundi 12 juillet, à 11 h 49,
plongée dans les yeux de mon enfant,
je ressuscite.

Régine

Pendant la grossesse,
une très bonne amie à moi
m'avait parlé d'une soi-disant déesse.
Régine Prieur.
Multi-casquettes.
Sage-femme.
Psychologue.
Conseillère en allaitement.
Etc.

Je trouvais qu'elle portait bien son nom.
Spécialisée dans l'allaitement,
qui de mieux pour parler de lait,
que Régine-lait (Régilait).
Un peu comme Monsieur Lagoutte,
l'artisan plombier.
Monsieur Bossu,
le kiné.
Ou Madame Lamiche,
la boulangère.

Je n'ai pas eu la chance de la rencontrer, en vrai,
avant l'accouchement.
J'étais trop occupée à être hospitalisée.
Je l'ai donc aperçue,
pour la première fois,
en visio,
sur l'écran de mon ordinateur portable,
mon gros ventre posé sur le clavier.

À l'écran de mon ordinateur,
dans ma chambre d'hôpital,
je découvris une dame aux cheveux courts.
Qui parlait très,
très vite.
Un peu comme quand tu appelles d'une cabine téléphonique,
et qu'il ne te reste qu'une seule pièce.
Une femme qui avait,
je pense,
l'âge de ma mère.
En tout cas, elle avait plus connu les francs
que les euros.
C'est sans doute de là
que venait son franc-parler.

Ce jour-là, Régine m'a préparée à l'allaitement.
En utilisant la règle des 4 C.
Clair.
Court.
Cohérent.
Concis.

À la naissance d'Aaron,
je n'avais plus de doutes sur le sujet de l'allaitement.
Et c'est grâce à elle
que nous avons vécu,
lui et moi,
la plus belle des aventures lactées.
Durant quatorze mois.

Je l'ai rencontrée,
en vrai,
quelques jours après l'accouchement.
Puis de nombreuses fois.

Pour l'allaitement.
Puis pour moi.
Pour moi.
Pour moi.
Pour moi.
Et à un nombre incalculable de groupes de parole, animés chez elle.

Régine m'a aidée sur plusieurs sujets.
L'allaitement.
La parentalité.
Le deuil.
Mes angoisses...

Aujourd'hui, Régine commence petit à petit à céder sa place.
À Marlène.
Qui a l'air tout aussi fabuleuse.
Mais quand Régine ne peut pas me recevoir, je refuse de voir Marlène.
Tout comme je refuse d'aller aux caisses automatiques.
De peur de voir disparaître, un jour, nos chères caissières.
Ou nos Régine.

Je vous souhaite à toutes et à tous d'avoir une Régine dans votre vie.
Ou une Marlène.
Qui, entre nous,
n'est pas vraiment une caisse automatique.

Quelques mots sur Régine

Intensité. Intimité. Voilà pourquoi Régine est devenue sage-femme. Rapidement, elle a pris la mesure des incompétences du personnel de santé dans l'accompagnement à l'allaitement…

C'est d'abord dans une petite maternité qu'elle a exercé en tant que sage-femme et décidé de devenir conseillère en lactation. C'était il y a quarante ans. À cette époque, ils n'étaient que quatre ou cinq à passer l'examen, et mieux valait être autodidacte car aucun soignant ni organisme en France n'enseignait ça. Puis, la maternité ayant fermé ses portes, elle a décidé de voyager pour se former sur l'allaitement, aux Antilles, en Nouvelle-Calédonie, en Guyane, tout en étant psychologue à mi-temps en milieu hospitalier. Multi-casquettes (échographies, suivi de grossesse, préparation à l'accouchement et accouchement, participation à des évaluations pour le label Initiative Hôpital Ami des Bébés, formatrice, psychologue…), elle a rapidement ressenti le besoin de se consacrer entièrement à l'accompagnement des parents, allaitant ou non, avec des consultations et des groupes de parole. Aussi, elle écrit des articles pour la revue *Spirale* et a un projet de livre. Aujourd'hui, Régine se sent là où elle doit être. Elle considère son cabinet de sage-femme libérale comme un lieu de vie et non comme un cabinet médical. Elle sauve dans ce merveilleux endroit beaucoup de parents pris dans ce tourbillon qu'est la parentalité. Dont moi : Camille.

Mon ange aux yeux bleus

Un garçon.
Blond aux yeux bleus.
Un ange.
Alors que ma mère venait d'y monter,
lui est tombé du ciel.

À la seconde où il a été posé sur moi,
j'ai compris qu'il serait extraordinaire.
Il ne parlait pas.
Mais son regard nous disait tout.
Profond.
Paisible.

Alors qu'il tétait mon sein,
il me nourrissait
de son amour.
Tout était doux.
Il dormait sur nous.
À côté de nous.
Malgré les contre-indications.
Contre le reste du monde.
Contre nous.
C'était tout ce qui comptait.
Comme si le contact de sa chair contre la nôtre
le rendait un peu plus réel.

Il ne pleurait pas beaucoup.
Ne dormait pas beaucoup non plus.
On s'en foutait.
Royalement.
Du moins les onze premiers mois.
Avant d'être des morts-vivants.

Tant qu'il était là.
Lui.
Vivant.
L'insomnie de nos nuits
était un pansement à nos cœurs.
Ébréchés.

Au moment où je l'ai vu,
j'ai compris.
Que je n'aurais d'autre ambition dans ma vie
que de le rendre heureux.
Épanoui.
Serein.
En sécurité.
Mon unique but.
Prendre soin de lui.
Sans rien attendre en retour.

Et pourtant.
Il nous donne.
Tout.
Tant.

Je le portais,
tous les jours.
Cœur contre cœur.
Blotti dans son écharpe de portage.
Son père,
toutes les nuits.
Bouche contre front.
Lui, nous portait.
Nous.
Tout le temps.

Suspendus entre deux mondes.
Bercés par l'ocytocine.
Sûrement.
Nous étions heureux.
Puissants.
Invincibles.

Toutes mes peurs avaient disparu depuis qu'il était là.
Toujours vivant.
Et en bonne santé.

Ça, c'est ce que je croyais.

Le portage

Nous avons pratiqué le portage avec nos deux bébés, grâce aux merveilleux cours de @lesbebesbohemes, à Toulouse.
Céline et Ludovic ont créé Les Bébés Bohèmes en 2009 pour offrir aux parents une variété d'ateliers axés sur la parentalité, le bien-être et la créativité.
Ceux-ci comprennent le portage, le massage bébé, le yoga parent-enfant, ainsi que des ateliers créatifs pour tous les âges. Toujours à la recherche de nouvelles idées, ils se forment régulièrement pour fournir aux parents des conseils de qualité et une écoute attentive.
Leurs activités sont disponibles en séances privées à domicile ou en groupe dans la région de Toulouse, offrant aux parents un espace pour partager leurs expériences et recevoir des conseils précieux.
En quinze ans, Les Bébés Bohèmes ont acquis une solide réputation, combinant convivialité et expertise dans le domaine de la périnatalité.

Montesso-quoi ?

Toujours aussi curieuse,
toujours aussi perfectionniste.
Je suis maman.
Alors je veux le meilleur pour mon bébé.
Je lis.
Je lis.
Je lis.
Du Filliozat.
Du Gueguen.
Du Desmurget.
Du Rosa Jové.
Du Faber et Mazlish.
Du *Tom-Tom et Nana*.
Le dernier, c'est pour vérifier que vous suivez toujours.

Et s'il y a bien un nom qui revient souvent,
c'est Montessori.

Avant de me renseigner sur cette pédagogie,
je pensais qu'elle n'était réservée qu'aux bobos-chics parisiens.
Pas de chance,
je ne suis ni bobo, ni chic, ni parisienne.
Ça, c'est mon accent méditerranéen qui le dit.

Quand je pensais à cette approche,
j'imaginais :
- Jouets en bois ;
- Enfants rois ;
- Lits-cabanes ;
- Tours en bois pour cuisiner.

Mais concrètement, j'ignorais tout.
Alors j'ai lu les premiers livres de Maria Montessori.
J'ai été fascinée.
Par son côté avant-gardiste sur le bien-être
des enfants.

Elle a compris il y a cent ans,
ce que certains mettront cent ans à comprendre.
Aujourd'hui.

Son approche,
additionnée à toutes les dernières recherches
en neurosciences sur le cerveau des enfants,
était un cocktail envoûtant.

J'ai tout de suite été passionnée.
Par son regard sur les enfants.
Les observer,
pour mieux les comprendre.
Les comprendre,
pour mieux les observer.

C'était tout ce dont j'avais besoin.
Observer Aaron était,
et est toujours,
ma plus belle méditation.

Je me suis donc formée,
aux 4 mois d'Aaron.
En ligne,
et en présentiel.
Avec la meilleure.
Sylvaine.
Fidèle amie aujourd'hui.
Plus connue sous le nom de @ladaronneenrose.

Aaron était fait pour cette pédagogie.
Lui qui était
calme.
Doux.
Attentif.
Curieux.
Patient.

Sur le moment,
j'ai peut-être eu la prétention de penser
que s'il était un enfant si merveilleux,
c'était grâce à notre éducation.
Positive.
Et Montessori.

Mais quelques mois plus tard,
nous avons eu un deuxième enfant.
Depuis,
je n'ai plus aucune prétention.

Mais j'avais tellement appris à travers ces livres,
sur l'éducation,
sur le cerveau de l'enfant,
sur la posture à adopter en tant qu'adulte,
que je trouvais aberrant que ce contenu
ne soit pas porté à la connaissance de tous.

J'ai été cette sœur, terriblement casse-bonbons.
Pour être polie.
Qui envoie des photos de certaines pages de ses livres.
Pour prouver noir sur blanc
que non,
la télé n'a pas d'intérêt pédagogique pour les enfants,
que oui,
les punir est très nocif pour leur cerveau.

J'ai été relou.
Il n'y a pas d'autre mot.
J'étais tombée dans le piège.
Un peu comme Obélix.
Sauf que ce n'était pas de la potion.
Mais de l'éducation,
bienveillante.
Mais extrémiste.

Je pourrais écrire un livre entier
sur mes convictions pendant cette période.
Mais je préfère vous épargner ce bêtisier.
Ben,
ayant hérité du talent de sa mère,
a su trouver les bons mots.
Justes.
Et a réussi à me délivrer.
De cette angoisse.
De mal faire.
De pas assez.
Il m'a débarrassée d'une bonne partie de ma
culpabilité maternelle.
Omniprésente.

Il me faisait confiance,
comme toujours,
et m'a appris à me faire confiance.
À nous faire confiance.
Me rappelant que la plus belle des choses que
l'on pouvait transmettre à notre enfant,
était notre amour.
Notre sincérité.
Notre transparence.
Nos états d'âme.
Et tadam.

C'est comme ça que l'on s'est transformés en parents.
Les parents que nous sommes aujourd'hui.
Confiants.
In extremis.
Plus jamais extrémistes.

Le savoir était le pouvoir.
C'était vrai.
Mais le pouvoir, c'était de savoir doser.

Quand j'étais petite, ma mère a pris trois ans pour s'occuper de moi.
Congé qu'elle n'a malheureusement pas pu prendre avec mon frère et ma sœur.
Sûrement parce que j'étais sa préférée.
Je pense.
Mais mon frère et ma sœur
n'ont pas la même version.

Je n'ai quasiment aucun souvenir de ces trois années.
Exclusives.
Avec elle.
Quel gâchis.

J'ai le souvenir d'une mère qui me faisait confiance.
Qui était fière de moi.
Qui m'encourageait.
Pour tout.
J'avais le droit de me salir.
De sauter dans les flaques.
De manger avec les doigts.

Quand nous étions invitées dans la famille,
tonton Daniel faisait un A.V.C. à chaque fois
qu'il me voyait manger.
Ma mère lui répondait fièrement
que j'explorais.
Que c'était nécessaire.
Puisque Dolto le disait.
Je ne connaissais pas Dolto.
Mais j'appréciais le fait qu'elle me laisse tremper
les doigts dans mes pâtes bolo.

Ma mère m'admirait.
Quand je dansais dans le salon,
elle m'inscrivait à la danse.
Quand je jouais trois notes sur un minuscule piano,
elle m'achetait un énorme synthé.
Quand je faisais le grand écart,
elle m'inscrivait à la gym.
Quand je chantais,
elle me prenait des cours de chant.
Je suis même sûre
que quand elle me faisait conduire sur ses genoux,
elle avait envie de m'acheter une voiture.
À 6 ans.

Elle était fière de moi.
Elle l'a toujours été.
L'adolescence a été plus compliquée pour nous.
Période où je lui en ai voulu de refaire sa vie.
N'étant plus son unique priorité.

Je ne me souviens pas de tout l'amour,
ni de toute la bienveillance que ma mère me portait.

Durant la petite enfance.
Mais je crois que ce sont des valeurs
inscrites aujourd'hui en moi.

Ben a grandi dans une atmosphère plus que
bienveillante.
Sa mère est une experte dans le domaine de
l'éducation.
Elle en a même fait ses études.
Protection de la petite enfance.
Avant-gardiste, à l'époque.
C'est une Filliozat,
avant Filliozat.

Je pense que, quand il est question de modèle éducatif,
soit tu reproduis le même schéma
que celui de tes parents,
soit tu fais l'inverse.
Je suis donc restée
fidèle à ma mère.
Contraire à mon père.

Quand Aaron est né,
les bases étaient finalement là.
Ancrées.

Nous étions armés.
De la mère de Ben.
Et de mes souvenirs.

♡

Sylvaine Boussatha, mieux connue sous le pseudonyme de **@ladaronneenrose**, a troqué sa salle de classe pour l'univers Montessori en 2017. Depuis 2021, elle est à la tête de son propre organisme de formation, consolidant son statut de référence dans cette pédagogie.

Elle est l'esprit créatif derrière Mon Tipi Montessori, une initiative lancée à Toulouse pour créer un lieu d'apprentissage et d'éveil destiné aux enfants de 0 à 9 ans. Au travers d'ateliers Montessori conçus pour nourrir l'imagination et favoriser l'autonomie, elle a su offrir aux familles un espace unique d'exploration.

La pandémie de COVID-19 a contraint à la fermeture de son Tipi mais, loin de se laisser abattre, Sylvaine a rebondi avec une énergie sans cesse renouvelée. Sur son compte Instagram, elle partage désormais ses expériences, ses réflexions et ses conseils, ralliant une communauté de parents en quête d'authenticité et de soutien.

La Réunion

Avec Ben, nous avons mille rêves.
Certains d'entre eux finissent en projets.
Certains aux oubliettes.
Pendant que tous les autres
continuent de nous faire rêver.

Ouvrir un camping.
Aux oubliettes.
Ouvrir un domaine.
Aux oubliettes.
Ouvrir une salle de sport.
Aux oubliettes.
Faire un *one couple show.*
Aux oubliettes.
Partir vivre à la Réunion.
Je vous raconte.

Besoin de changer d'air.
D'être au soleil.
De troquer la bonne saucisse toulousaine,
contre un bon rougail-saucisse.
C'est sans hésiter que nous avons opté pour l'île
de la Réunion.
Pour *y* partir,
un an.

Ben est assistant d'éducation dans des collèges.
C'est un métier accessible sur l'île.
Moi, je suis toujours mère au foyer.
Sur le papier.
Mais mère au foyer réunionnaise,
ça fait vachement plus rêver.

Nous avons trouvé un logement.
Magnifique.
À Saint-Pierre.
Une grande villa avec des parties communes
à plusieurs familles.
Et un bungalow dans le jardin pour chacune
d'entre elles.
Notre futur chez-nous surplombe un petit bassin.
Des milliers de plantes ornent cette vaste jungle.
Qui sera bientôt notre jardin.

Des cours de yoga sont donnés le matin
pour les habitants de la villa.
Des apéros partagés le soir.
Alors certes, j'allaite Aaron,
mais je tirerai du lait,
pour profiter du bon rhum local.
Nous avons tout prévu.

On arrivera le 6 août.
Aaron aura 13 mois.
Parfait.
Il ne marchera pas encore.
Mais il apprendra là-bas.
D'ici quelques mois.
Il n'a pas l'air très pressé.
Alors surtout pour ce dernier point,
je crois qu'il aimera la Réunion.

Une amie à moi nous récupèrera à l'aéroport,
afin de nous mener jusqu'à notre petit coin de paradis.
Tous nos cartons arriveront quelques jours plus tard.
En conteneur.

Ben aura toutes les vacances scolaires.
En l'attendant, je ferai visiter cette merveilleuse île à mon bébé.
On mangera des fruits fraîchement cueillis dans les arbres.
On fera des châteaux de sable.
On se baladera.
L'une en paréo.
L'autre en couche.
Et non l'inverse.

Puis, quand Ben sera en repos,
nous visiterons les nombreux cirques,
les multiples pitons,
les innombrables jardins.
On mangera local.
La vraie *vida loca*.

Pour nous permettre de vivre ce rêve,
nous mettons notre appartement en conciergerie.
Afin d'avoir un revenu supplémentaire.
Car la Réunion c'est très beau.
Mais c'est très,
très,
très,
cher.

Un premier monsieur, spécialisé en conciergerie,
vient visiter notre appartement toulousain.
Il nous vend du rêve.
Pour notre rêve.

Quelques jours plus tard,
au moment de signer le contrat,
le monsieur ne répond plus.

Le monsieur ne vient plus.
Le monsieur a disparu.
Je contacte une autre conciergerie.

Un second monsieur, spécialisé en conciergerie
lui aussi,
vient visiter notre appartement toulousain.
Lui aussi
nous vend du rêve.

Nous lui faisons part de notre mésaventure avec
l'autre conciergerie.
Il nous rassure.
On y croit.
Ça commence même à sentir le rougail
dans notre appartement.
Quelques jours plus tard,
ça sent plutôt le roussi.

Même schéma.
Le monsieur ne répond plus.

Le monsieur ne vient plus.
Le monsieur a disparu.
Avec l'autre monsieur.

Avant d'alerter la police pour deux disparitions,
jamais deux sans trois,
on contacte une troisième conciergerie.

Notre appartement n'est qu'au premier étage.
Ce troisième monsieur nous en fait descendre dix.
D'un coup.
Rien n'était bon dans les calculs
des deux portés disparus.

Ben et moi aurions pu prendre le risque,
à deux,
de partir avec une projection financière bancale.
Mais avec Aaron,
âgé de seulement quelques mois,
c'était inimaginable.

Notre projet de partir vivre à la Réunion
a rejoint de multiples projets.
Aux oubliettes.

Il nous en fallait un nouveau.
Nous avons réfléchi.
Quelques jours.
Et sans se concerter.
Un soir,
autour de la table de la salle à manger,
en train de savourer un délicieux rougail-saucisse
acheté au monsieur du marché du dimanche,
nous avons eu la même idée.
Avoir un deuxième bébé.

La suite, vous la connaissez.

La prise de sang de contrôle.
Enceinte du deuxième.
Déjà.
Le rendez-vous des 11 mois d'Aaron.
Et l'alerte de notre médecin.

Nous étions sur le point d'offrir un nouveau pilier
à Aaron.
Tout en comprenant que sa santé
ne nous aurait finalement pas permis
de vivre notre rêve réunionnais.

Un rêve troqué contre une vie avec deux fils.
Uniques.
Ça vaut bien tous les tropiques.

Il y a une citation de Sénèque qui m'anime.
Inconsciemment,
depuis mon plus jeune âge.
Consciemment,
depuis que je la connais.

« La vie ce n'est pas d'attendre que l'orage passe,
c'est d'apprendre à danser sous la pluie. »

L'orage a grondé dans ma vie.
C'est vrai.
À plusieurs reprises.
Malheureusement pour lui,
j'adore danser.

La paralysie cérébrale allait devenir
la chorégraphe de notre nouvelle vie.

Permettez-moi maintenant de vous initier
à cette nouvelle danse.

Paralysie cérébrale

Séquelles de leucomalacie périventriculaire ou paralysie cérébrale ?

Depuis le 31 janvier 2024,
mon Google connaît tous les liens,
tous les sites,
qui contiennent ces quatre mots :
séquelles de leucomalacie périventriculaire.
Je ne trouve rien de particulier.
Si ce n'est partout la même définition :

« Atteinte cérébrale de la substance blanche (partie interne du cerveau composée de fibres nerveuses assurant la transmission d'informations entre les neurones) située autour des ventricules cérébraux, zones de fragilité vasculaire.
La leucomalacie périventriculaire atteint 10 % des prématurés. Elle se constitue pour l'essentiel avant l'accouchement et est favorisée par les infections materno-fœtales (le streptocoque B, par exemple). Elle est responsable de la majorité des séquelles motrices des enfants prématurés (typiquement, syndrome de Little ou diplégie spastique). L'intelligence est globalement peu touchée, mais la leucomalacie périventriculaire peut entraîner des troubles spécifiques du développement. »

Source : *Le Larousse médical.*

Ma page de recherche sur Google
ne me propose désormais que des liens violets.
Soit, déjà vus.

Dans ces liens violets,
je clique sur d'autres liens violets.
J'ai déjà tout lu.
Mais je continue.
Experte du clic.
Je clique sur des liens.
Je clique sur des liens.
J'essaye de faire le lien.
Mais je ne comprends rien.

Est-ce une maladie rare ?
Pourquoi n'y a-t-il rien sur Internet ?
Comment vais-je trouver des solutions ?

Il y a des gens
pour lesquels le temps d'écran se passe
essentiellement sur les réseaux sociaux.
Pour moi, c'est sur :
Doctissimo,
Allo Docteurs,
Dictionnaire Larousse.
Afin d'essayer de déchiffrer tout ce que je trouve.

Je commence toujours par :
« séquelles de leucomalacie périventriculaire ».
Puis, au fur et à mesure,
la recherche principale s'éloigne.

Un peu comme quand tu regardes une vidéo
très intéressante sur le réchauffement climatique,
et qu'à force de *scroller*
tu finis par regarder la vidéo d'un chat effrayé
par un concombre.

Bon, ben c'est un peu ce qu'il m'arrive au fil de mes recherches.
Sauf que je ne tombe pas sur une vidéo marrante à la fin.
Mais toujours sur les mêmes mots.

« Spasticité.
Diplégie spastique.
Hémiplégie.
[...]
I.M.C. (infirmité motrice cérébrale).
Paralysie cérébrale. »

Mais ce n'est pas le handicap de mon enfant.
Pas vrai ?
On me l'aurait dit.
Quand même.

✱

25 avril 2024.
Ça fait trois mois qu'Aaron a fait son I.R.M.
Il a 2 ans.
Et 9 mois.

Nous avons rendez-vous au C.A.M.S.P.,
avec la médecin en rééducation.
Qui va prescrire,
si besoin,
des appareillages à Aaron.
Afin de l'aider dans son autonomisation.

Nous sommes dans la salle d'attente.
Tous les quatre.
Ben.
Aaron.
Léo.
Et moi.

Les garçons s'éclatent.
Ils s'amusent à monter,
descendre,
monter,
descendre
à quatre pattes les escaliers.
S'amusent avec des petits vélos.
Puis sur une structure de motricité avec un toboggan.
Pour eux, c'est Disney Land.

Nous savons où nous sommes.
Alors nous savons qu'il ne faut pas être pressés.

La médecin nous reçoit.
Pas à l'heure.
Elles sont deux.
Une kiné est avec elle.

Forcément,
dans la salle d'examen il n'y a pas d'escaliers.
Ni de vélos.
Ni de parcours.
Aaron n'approuve pas ce changement.
Il pétait la forme juste avant.
Là, il pète juste un câble.

Les deux femmes sont géniales.
Comme au théâtre,
elles ajoutent des décors à la salle d'examen :
vélos,
escaliers en mousse,
parcours de motricité.

Que nenni.
Aaron n'est pas dupe.
Ce n'est pas la salle d'attente.

Elles tentent malgré tout de l'examiner.
Tel un chat que l'on essaie de laver
dans une baignoire,
Aaron se débat.

Elles capitulent.
Décident alors de seulement l'observer.
De loin.

Les minutes passent.
J'essaie tant bien que mal d'écouter
les paroles de la médecin
à travers les cris d'Aaron.
Que, malgré tous ses efforts,
Ben n'arrive pas à canaliser.

Elle me parle comme si j'avais fait dix ans
de médecine.
Enchaîne les phrases.
Je regrette de ne pas avoir un papier et un stylo.
Mais surtout d'avoir arrêté l'école trop tôt.

Entre un « Aaaaarh ! » d'Aaron.
Et un « Ouiiiiiin ! Ouiiin ! » de Léo.

La professionnelle me dit :

« C'est super.
Sur le G.M.F.C.S.
il est un I / II.
Il y a de grands espoirs.
Cet enfant marchera.
Courra.
Sautera même peut-être. »

J'entends :
« super »,
« marchera »,
« courra ».

Je réponds :
« Ok. »

Puis je bugge.
Véritablement.
« Quoiiiiiii ?
Vous pouvez répéter ?
Sur le quoi ?
Pourquoi ?
Quand ?
Mais.
Où.
Est.
Donc.
Ornicar. »

Et elle m'explique.
Le G.M.F.C.S.
Système de classification de la fonction motrice cérébrale.

Ce qui permet de comprendre où se situe un enfant qui a une paralysie cérébrale.

J'écoute.
J'analyse ce qu'elle me dit.
Puis je me dis qu'elle s'est trompée de dossier.
Je le lui dis :

« Ah mais non.
Aaron a des séquelles de leucomalacie périventriculaire.
Pas une paralysie cérébrale.

– Si madame. Les séquelles de leucomalacie périventriculaire sont une des causes de paralysie cérébrale.

– Ben non.

– Ben si.

– Ben non.

– Ben si.

[...]

– Mais vous êtes sûre, sûre ?

– Sûre, sûre.

– ... »

Ce jour-là, nous sommes rentrés à la maison
avec une pile d'ordonnances pour notre enfant.
Déambulateur postérieur.
Siège moulé.
Chaise thérapeutique.
Orthèses.
Mais surtout avec deux mots qui résonnaient
en boucle dans notre tête.
Paralysie cérébrale.

C'était donc ça,
le super-pouvoir de notre enfant.

Pour jeter un coup d'œil au G.M.F.C.S. :
http://cpnet.canchild.ca/system/tenon/assets/attachments/000/000/059/original/GMFCS-ER_Translation-French.pdf

Et, si je peux vous donner un conseil pour l'achat de matériel médical, c'est de vous rapprocher d'un prestataire spécialisé dans le matériel médical pédiatrique, et non d'une pharmacie. Il vous permettra de faire des essais, de tâter le matériel, et ainsi de trouver l'appareil qui conviendra le mieux à votre enfant.

Privilégiez la location. Ou les dons.
Car, à l'achat, les prises en charge financières sont catastrophiques.

À noter : à Toulouse, YOUZOU31 loue, vend et donne du matériel médical pour enfants en situation de handicap. C'est d'une grande aide, au vu du prix du matériel.

La paralysie cérébrale, c'est quoi Jamy ?

La paralysie cérébrale.
Ce sont des lésions cérébrales
survenues avant,
pendant,
ou après la naissance.

Ces lésions cérébrales entraînent,
dans tous les cas,
des handicaps moteurs.
Allant d'une simple difficulté à marcher,
à une tétraplégie.
À savoir un handicap des quatre membres.
Mais elles peuvent aussi engendrer des difficultés
cognitives,
ou sensorielles,
qui durent toute la vie.

Tout dépend des zones du cerveau affectées.
Et de l'étendue de ces lésions.

Aujourd'hui en France,
toutes les six heures,
je répète,
toutes les six heures,
un nouveau-né est touché par la paralysie cérébrale.
125 000 personnes en France.
17 millions dans le monde.

C'est le premier handicap moteur chez l'enfant.
Je me répète encore,
le premier handicap moteur.

Et pourtant, il est encore trop méconnu.

1 enfant sur 4 ne peut pas parler.
1 enfant sur 3 ne peut pas marcher.
1 enfant sur 4 souffre d'épilepsie.
1 enfant sur 2 a une déficience intellectuelle.

Un accouchement difficile,
un petit poids de naissance,
une grande prématurité,
un défaut d'oxygénation de quelques secondes
ou une infection pendant la grossesse,
peuvent suffire à causer une lésion cérébrale.

Ça, c'est l'explication scientifique.

Maintenant,
laissez-moi vous donner l'explication imagée.

L'explication par Camille.

Nous sommes aujourd'hui presque tous propriétaires d'une voiture.
En France.
La marque Renault a pris la tête du classement.
Dans cette marque, il y a des modèles.
Dans ces modèles, il y a des options.

Je sais ce que vous vous dites :
« Cette meuf est très bizarre. »
Mais sachez que c'est une de mes passions.
De trouver des images.
Pour mieux comprendre.

Bref.
Revenons-en à nos moutons.
Enfin.
À nos chevaux.
Sous le capot.

Imaginez que la marque Renault représente
la paralysie cérébrale.

Que chaque modèle de voiture,
Clio,
Mégane,
Captur...
représente des lésions.
Soit imaginons qu'Aaron a une Clio.
Et que la Clio représente des « séquelles
de leucomalacie périventriculaire ».

Chaque modèle a des options.
Des effets.
Hypotonie.
Spasticité.
Épilepsie.
Paralysie d'un ou de plusieurs membres.
Vous me suivez ?

Le problème actuel de la paralysie cérébrale
est d'être encore trop méconnue.
Mais comment ce handicap pourrait-il être connu,
alors que nous sommes tous éparpillés ?
Tous mal accompagnés.
Tous jetés hors de l'hôpital après une I.R.M.,
avec pour seul point d'accroche
le modèle de notre voiture.
Sans même connaître notre marque.

Comment voulez-vous que notre médaille d'or
(premier handicap moteur) se fasse connaître,
avec une infinité d'identités ?

Tout comme avec l'autisme,
il y a autant de formes de paralysie cérébrale
que de personnes touchées par une paralysie
cérébrale.

Imaginez le nombre de personnes qui ne savent pas
qu'elles ont le même handicap.

Le manque de formation,
de connaissance des médecins,
est pour moi
dramatique.
Il est de leur devoir,
de leur déontologie,
de nous guider,
de nous informer,
de nous accompagner.

Si seulement j'avais su.
Tout de suite.

Si seulement j'étais rentrée chez moi ce jour-là,
ce 31 janvier 2024,
avec ces deux mots.
Paralysie cérébrale.
Et si je l'avais su plus tôt ?
Encore plus tôt ?

Alors voici mon combat aujourd'hui :
sensibiliser.
Et faire en sorte que ces quatre familles touchées chaque jour
connaissent le plus tôt possible
la marque de leur voiture.
Le nom de leur super-pouvoir.
Le vrai.
L'unique.

Car sans connaissance,
il n'y a pas de progrès.

Connaître les coulisses

Depuis toute petite,
je suis terrifiée par la jeune Samara,
dans le film d'horreur *The Ring.*
Récemment, ma sœur m'a envoyé une vidéo
dévoilant les coulisses du film.
Avec tout le détail du maquillage
de cette horrible gamine.
Ça m'a beaucoup aidée.

Depuis le 25 avril,
j'étais terrifiée.
Par ces mots qui avaient été prononcés.
Paralysie cérébrale.
Alors la meilleure solution
était de faire partie des coulisses.

Voici comment.
J'ai contacté la Fondation Paralysie Cérébrale.
Le lendemain même.
Soit le 26 avril 2024.

Je leur ai parlé d'Aaron.
De son I.R.M. en janvier.
De ces deux mots murmurés hier.
De mon livre.
De mon envie d'apporter ma pierre à l'édifice.
Pour mon fils.
Pour tous les autres.

Melissa Messavant,
la responsable communication et mécénat,
m'a tout de suite répondu.

À partir de là,
tout s'est enchaîné.

Les visios.
Les appels.
Les messages.

L'implication commençait.
Et je ne remercierai jamais assez Melissa.
Pour sa bienveillance.
Sa gentillesse.
Son écoute.
Sa passion pour la Fondation.

J'ai tout de suite compris
que je venais de trouver notre point d'accroche.
À Aaron,
et à nous.
Que nous allions faire partie de la troupe.
Notre troupe.

Melissa m'a raconté les coulisses.
Avec les recherches.
Les progrès.
Les projets.
L'épopée.

Moi qui buttais face à un mur infranchissable
jusqu'ici.
Melissa a pris soin
de pousser une à une
chaque petite brique qui m'empêchait de grimper.
De me projeter.

Grâce à elle.
Grâce à la Fondation.
J'aperçois une lueur.
L'espoir.
J'aperçois le beau.
Derrière le dur.
La lumière.
Derrière l'obscurité.

J'aperçois mon adversaire.
Je l'observe.
Un œil attentif sur les progrès réalisés,
l'autre sur les projets prometteurs.
Je suis dans les coulisses.
Je n'ai plus peur.
Je suis prête.
Nous sommes prêts.

Ouverture du rideau.

Un phare dans la nuit

Les échanges avec la Fondation n'ont fait
que s'intensifier.
Un jour, Melissa me propose de rencontrer
Alain Chatelin,
le président de la Fondation.
Un pionnier.

Papa de Matthieu Chatelin.
Atteint d'une paralysie cérébrale
depuis sa naissance.

Si aujourd'hui,
en 2024,
je me sens démunie face à la méconnaissance
de ce handicap,
imaginer la situation de Matthieu et de ses parents
il y a de ça plus de trente ans
me donne le vertige.

Alain accompagne la création de la Fondation,
initiée par des associations de parents
et des professionnels de santé, depuis 2005.

Cette Fondation a pour vocation
de lancer des appels à projets pour financer
la recherche
(environ 7 millions d'euros déjà investis) ;
d'accompagner les familles et les patients
pour les aider à mieux vivre avec cette pathologie
(environ 80 projets financés en France et en Europe) ;
de sensibiliser le grand public et de renforcer
la formation du corps médical

(environ 130 articles publiés dans des revues
nationales et internationales).

Alain et la Fondation sont, pour nous,
cette lumière discrète mais essentielle
qui éclaire une route plongée dans l'obscurité.

Le jour de notre rencontre, à Toulouse,
assis dans le bar « Au bout du pont »,
face à l'emblématique Hôtel-Dieu Saint-Jacques,
il buvait son Coca pas zéro
avec une tranche de citron.
Ben et moi buvions deux choses.
Nos bières.
Et ses paroles.

Puis, il nous a écoutés,
nous a dit d'avoir confiance en notre fils.
Et nous a parlé de cette Fondation en mouvement.
Si, aujourd'hui, les choses avancent,
c'est, je crois, en grande partie grâce à elle.
Grâce à la force de ce collectif,
à leur courage,
et à leur persévérance.

Ambassadrice

Sur Instagram on trouve pas mal d'ambassadrices.
Pour des culottes menstruelles.
Ou des bougies qui ne sentent pas vraiment bon.
Mais le jour où Melissa m'a parlé de l'événement STEPtember,
et de l'idée d'en devenir l'ambassadrice,
je n'ai pas hésité une seconde.

STEPtember est le seul événement dédié à la paralysie cérébrale en France.
Il se déroule au mois de septembre.
Chaque participant qui relève ce défi
contribue à faire avancer la recherche
sur ce handicap.

STEPtember ne se déroule pas quelque part.
Il se déroule chez vous.
Pas besoin d'être un grand sportif.
Vous pouvez très bien être une grande feignasse.
Ça aidera aussi.

Le but de cet événement
n'est pas d'apprendre à un crabe à marcher droit.
Seulement de marcher pour soutenir des personnes
qui ne le peuvent pas.

STEPtember c'est parler de la paralysie cérébrale.
Et rien que ça,
je crois que c'est le plus grand des pas.

STEPtember pour plus d'infos

Les frais d'inscription sont de 25 € pour les adultes, et de 15 € pour les étudiants et les moins de 18 ans. Il suffit de télécharger l'application ALVARUM pour accéder au challenge, qui se déroule au mois de septembre.

C'est un défi ludique. Et bien-être. Marcher pour soi, et atteindre les 10 000 pas par jour recommandés par l'O.M.S. Mais surtout, « marcher pour ceux qui ne le peuvent pas ». C'est la devise de STEPtember.

L'ensemble des fonds récoltés serviront à financer le projet ENSEMBLE.

Le projet ENSEMBLE

Ce programme de recherche ambitieux vise à détecter de manière fiable la paralysie cérébrale très tôt dans la vie, avant l'âge de 6 mois, en combinant l'imagerie par résonance magnétique (I.R.M.) du cerveau et, selon l'âge de l'enfant, l'évaluation générale du mouvement (G.M.A.) et/ou l'examen neurologique des nourrissons de Hammersmith (H.I.N.E.). Le rêve. Alors que le diagnostic est actuellement posé très souvent entre les 2 ans et les 5 ans de l'enfant, ce qui aggrave son devenir moteur et cognitif, la majeure partie de la fenêtre de neuroplasticité pour l'apprentissage moteur étant passée.

Vous imaginez ? Plus tôt on détecte notre adversaire, plus tôt on peut intervenir, pour une meilleure prise en charge. Finie, l'errance.

Pour les curieux, retrouvez avec ce lien une vidéo qui explique très clairement le projet ENSEMBLE : https://www.youtube.com/watch?v=KwcP0xHXENU

Paris

En visio avec Melissa.
Ma meilleure amie aujourd'hui.
Et Clara Siturk, directrice de la Fondation.
Aussi bienveillante et emblématique que le président.

Clara et Melissa me proposent de venir assister
à la conférence annuelle de la Fondation.
Conférence dédiée à la Journée mondiale de la
paralysie cérébrale du 6 octobre.
Qui tombe un dimanche cette année.
Alors la conférence se déroule le jeudi 10 octobre.

Son but est de présenter les deux grands projets
soutenus par la Fondation.

Le projet ENSEMBLE.
Le projet TEAM&CO.

La conférence est présentée par les plus grands
chercheurs,
médecins,
scientifiques.

Vient le moment
où elles me proposent,
à l'unisson,
d'ouvrir la conférence.
Avec un de mes textes.
Au micro.

Devant médecins,
parents,
soignants,
ET
secrétaire d'état en charge du Handicap.
Rien que ça.

Je me sens honorée.
Je panique un peu aussi,
je l'avoue.

En pleine immersion.
Au milieu des costumes.
Du maquillage.
Des acteurs.
Des décors.

Moi qui n'étais qu'une simple spectatrice de cette pièce.

Quelques jours plus tard,
me voilà debout.
Du haut de mes 1 m 47.
En équilibre sur un marchepied,
afin d'atteindre le micro posé sur un pupitre.

Et de lire,
à haute voix*,
tout ce que j'écris,
à basse plume.

---

* Retrouvez le texte sur la page YouTube de la Fondation Paralysie Cérébrale, ou directement dans mes vidéos sur ma Page Instagram.

TEAM&CO

Ou le projet qui nous permettrait de proposer à nos enfants la meilleure rééducation intensive.
Avec soignants,
professionnels.
Formés.
Et, tenez-vous bien,
remboursée par la sécurité sociale.

Le projet TEAM&CO, lancé par trois équipes d'Angers, Brest et Lyon, et financé par le ministère de la Santé, est une expérimentation de l'organisation, sur quatre ans et demi, d'une soixantaine de stages de rééducation intensive, structurée selon les mécanismes des apprentissages moteurs et centrée sur des objectifs concrets de la vie quotidienne, choisis avec l'enfant et sa famille, pour aider 600 enfants de 2 à 17 ans.
Le principe de ces stages est d'augmenter la participation de l'enfant en axant la thérapie sur des activités ludiques et en sollicitant son autonomie. L'enfant est accompagné par la même personne durant tout le stage. L'efficacité de cette thérapie a été prouvée scientifiquement.

Des stages intensifs

Grâce à la méthode HABIT-ILE, développée par le professeur Yannick Bleyenheuft et son équipe.
Les stages de référence pour les enfants atteints d'une paralysie cérébrale.

Pour en savoir plus sur la méthode HABIT-ILE :
https://www.axinesis.com/fr/habit-ile/
Pour une pré-inscription aux stages TEAM&CO en France:
https://bluefiles.com/app/form/550b4619c13446a5bc-d9c4064e0c398e12cf9ff921a2bb54970ec1b917e88f37

Pourquoi faire simple ?

Les refus

Mai 2024.
Aaron allait vers ses 3 ans.
Doucement.
Mais sûrement.

Naïve,
je pensais que le plus dur était derrière nous.
Avec l'acceptation du handicap d'Aaron.
La mise en place de son équipe médicale.
Le dossier M.D.P.H.
Les divers appareillages.
À trouver,
essayer,
payer.

Mais rien ne s'est passé comme prévu.

Alors que nous étions noyés dans la mise en place
de tous les appareillages pour Aaron,
la réponse à notre dossier M.D.P.H.,
réalisé neuf mois auparavant,
est tombée dans notre boîte aux lettres.

(Je tiens d'ailleurs à faire une parenthèse sur ce sujet.
Si vous avez un dossier M.D.P.H. à monter,
ne faites pas les têtus,
comme nous.

Ne montez pas votre dossier tout seul.
Faites-vous aider.
Accompagner.
D'associations.

D'assistantes sociales.
Car oui.
Vous êtes capable de répondre à un questionnaire concernant votre enfant.
Vous n'êtes pas plus bête qu'un autre.
Cependant, il y a des astuces.
Que nous, parents, ne connaissons pas.
Afin que nos demandes soient acceptées.)

C'est à cause de ça que,
neuf mois après avoir rempli le dossier M.D.P.H.
de notre fils,
tout seuls,
un seul mot allait dominer leur réponse.

REJET.
Ou acceptation, mais au seuil minimum.

« Rejet de votre demande d'A.E.S.H. » pour la rentrée scolaire d'Aaron ;
« Rejet d'une carte mobilité priorité » ;
« Acceptation d'une carte mobilité stationnement », valable seulement un an ;
« Acceptation de l'aide A.E.E.H. » mais sans compléments. Soit 149 € par mois. Seulement.

En ouvrant ces quatre enveloppes ce matin-là,
j'étais loin de m'imaginer qu'un véritable parcours du combattant nous attendait.
Comment allions-nous réussir à payer les 20 000 € de frais liés au handicap de notre fils,
avec seulement 149 € par mois ?
Comment allions-nous faire vivre un semblant de vie normale à notre fils,
s'il ne pouvait pas faire sa rentrée des classes

comme tous les autres enfants en septembre ?
Sans A.E.S.H., c'était impossible.

Je ne savais pas à qui m'adresser.
Je ne comprenais pas ces rejets.
J'étais démunie.
Triste.
Profondément en colère.
Alors je me suis servie de cette dernière pour avancer dans les démarches.

Je me suis adressée à une association.
La Fée Bleue.
Juste à côté de chez nous.
Par chance.

Une bénévole, ancienne salariée de la M.D.P.H., m'expliqua la raison de ces refus.
Pour elle,
ils étaient dus au fait que,
lors de la confection du dossier,
en octobre 2023,
aucun VRAI diagnostic n'était encore posé.
« Retard de développement global »
n'était pas suffisant.

Pourtant, quelques semaines après son I.R.M.,
j'avais pris soin d'envoyer à la M.D.P.H.
cette pièce complémentaire.
À savoir, le bilan notifiant que notre fils souffrait d'une paralysie cérébrale.
Mais ce document n'a apparemment pas été traité.

L'association m'a merveilleusement aidée dans
la rédaction d'un R.A.P.O.
Recours administratif préalable obligatoire.

Ce dossier nous a pris des semaines à constituer.
Ce furent les semaines les plus stressantes
et déprimantes de mon existence.
À tel point que mon corps, depuis, se recouvre
d'eczéma et d'urticaire.
Un régal.

Moralement, je ne comprends pas,
et je ne comprendrai jamais,
comment on peut faire vivre ça
à des parents déjà démunis.

Financièrement,
le coût total des soins, stages, appareils et aide humaine
s'élève à environ 20 000 € par an.
Avec une prise en charge d'environ 5 000 €.

J'espère que pour se faire pardonner
de toutes ses aides inexistantes,
la M.D.P.H. finira par m'envoyer
un tube de crème contre l'eczéma.
Au moins ça.

*

Ayant envoyé ce R.A.P.O. en juin 2024,
j'ai reçu l'accusé de réception de la M.D.P.H. un mois
plus tard.
Soit le 15 juillet.

Début août, je pouvais commencer
mon harcèlement moral.
À coup d'appels et de mails,
pour eux.
À coup de prises de tête,
pour moi.

Vers le 20 août,
une conseillère de la M.D.P.H. m'a annoncé
que mon R.A.P.O. serait traité
en janvier 2025.

Janvier...

Chaque jour de la vie d'Aaron,
nous nous battrons,
son père et moi,
afin que notre fils vive une vie la plus classique possible.
Alors accepter qu'il ne fasse pas sa rentrée des classes,
comme tous les enfants de son âge,
était impossible.
Un nouveau combat devait commencer.

Il était hors de question que nous attendions janvier.
En braves impatients que nous sommes.
Convaincus que tout vient à point
à qui ne sait pas attendre.

J'ai donc commencé ce nouveau combat
en envoyant un mail à la M.D.P.H.,
avec beaucoup de majuscules,
beaucoup de points d'exclamation,
et beaucoup d'occurrences du mot « urgent ».
Soit, les 3 réunis :
URGENT !!!!!!!!!!!!!!!!!!! URGENT !!!!!!!!!!!!!!!!!!!

J'ai ensuite envoyé des mails au service Éducation
de notre commune,
et à la directrice de l'école.
Leur expliquant la situation.
Mais surtout notre état de détresse.
Il fallait qu'Aaron fasse sa rentrée des classes !

En suivant, j'ai contacté l'association LÉA via
son numéro vert.
Lutter Écouter Accompagner.
Les conseillères ont directement pris ma demande
au sérieux.
Et ont été très efficaces.

Elles m'ont préconisé de contacter l'enseignante
référente d'Aaron,
afin de lui demander de faire pression « en haut »,
mais aussi pour savoir s'il était possible de recruter
une A.E.S.H. pour la rentrée,
avant même d'avoir le retour de la M.D.P.H.

Pour continuer, elles ont insisté à leur tour auprès
de la M.D.P.H.,
afin de savoir s'il était possible de traiter la demande
d'A.E.S.H. en priorité,
et plus tard
nos demandes d'aide financière.

Nous arriverons finalement à les joindre
après trois jours d'essais.
Puisqu'essayer de joindre la M.D.P.H.,
c'est un peu comme essayer de joindre ta grand-mère
à l'heure du journal de 13 h avec Jean-Pierre Pernaut.
Bon...
Je n'ai plus de grand-mère.

Et il n'y a plus de Jean-Pierre Pernaut.
Mais l'idée est là.

Quelques jours plus tard,
mes mails avaient apparemment fait leur effet.
Une conseillère de la M.D.P.H. nous a annoncé
ce jour-là,
le 27 août,
que le dossier d'Aaron passerait en commission
le mardi 3 septembre.
Ouf !
Bye bye janvier.

Je me suis empressée d'en informer la directrice
et l'enseignante référente d'Aaron.
Leur expliquant que la commission se tiendrait le jour
de la rentrée,
je précisai que je comprendrais
si elles n'avaient pas encore d'A.E.S.H. disponible.
Ceci dit, je me portai volontaire pour accompagner
mon fils en classe
toute la première semaine d'école.

L'après-midi même,
je recevais un mail.
Ils ne pouvaient pas m'accueillir en tant que parent
sur la totalité du temps scolaire.

Mais non ?!

Ils avaient une A.E.S.H. pour mon fils.
Prévue pour le jour de la rentrée.

Mais non ?!

Le samedi 31 août,
au matin,
nous avons finalisé les fournitures scolaires
pour la rentrée d'Aaron.
Dans le Caddie,
deux boîtes de mouchoirs se sont greffées
à cinquante pochettes transparentes,
et à un grand classeur, dos de 4 cm et deux anneaux.

Deux boîtes de mouchoirs.
Triple épaisseur.
Une pour Ben.
Une pour moi.

Fiers et heureux d'avoir gagné ce combat,
qui va pourtant nous faire pleurer.
Puisque dans trois jours,
nous serons comme tous les autres parents,
complètement abattus,
derrière le portail de l'école.
Essayant de cacher et d'essuyer nos larmes.
Causées par une situation a priori ordinaire.
Mais qui ne le sera pas tant que ça pour notre enfant extraordinaire.

Aaron allait faire sa rentrée des classes.
Comme tous les autres enfants.
Finalement, un enfant ~~pas~~ comme les autres.
À nous la normalité.

L'accompagnant des élèves en situation de handicap (A.E.S.H.)

Il a pour mission de favoriser l'autonomie des élèves en situation de handicap, qu'il intervienne au titre de l'aide humaine individuelle, de l'aide humaine mutualisée ou de l'accompagnement collectif dans les Unités localisées pour l'inclusion scolaire (U.L.I.S.).

Les enseignants référents

Les Enseignants référents à la scolarisation des élèves en situation de handicap (E.R.S.E.H.) ont pour mission de faire le lien entre les familles et les différents professionnels qui accompagnent les élèves en situation de handicap.

Au niveau national, l'association LÉA est fabuleuse

J'ai pu échanger avec l'une de ses membres grâce à leur numéro vert : 0805 950 874.
Leur site est une riche source d'informations pour soutenir et accompagner les parents d'enfants malades, porteurs de troubles ou de handicaps : https://qrco.de/AssoLEA22 et https://www.assso-lea.org

Pour la petite anecdote, pendant l'écriture de ce livre, j'ai eu envie d'en écrire un second. Un livre qui accompagnerait les parents dans ce tunnel administratif.
Eh bien sachez que rien ne sert d'inventer l'eau chaude : l'association LÉA l'a déjà fait ! Et merveilleusement bien.
Voici leur guide administratif : https://it4v7.interactiv-doc.fr/html/le__a_guide_administratif_2023_684/

Trouble du spectre autistique

Aaron grandit.
Il change.
Et ses attitudes aussi.

Nous nous interrogeons de plus en plus.
Sur ses comportements
étranges.

Perplexes.
Nous savons qu'il a 3 ans.
Et qu'à cet âge-là,
ce n'est pas simple d'être un enfant.

Ça râle.
Ça crie.
Ça n'aime pas la frustration.
Et c'est normal.

Mais.

Soit Aaron est un descendant de Staline.
Soit c'est autre chose.
Nous avons opté pour la seconde solution.
Pressés, nous n'avons pas le temps de faire
un arbre généalogique
afin de remonter jusqu'au plus grand des dictateurs.

Mais notre quotidien est pourtant bel et bien
une dictature.
Il faut manger dans une assiette creuse.
Il faut avoir un bavoir bleu.

Il ne faut pas que papa ou maman conduise
avec les deux mains posées sur le volant.
Il faut que l'on se gare, partout, en arrière.
Il faut mettre telle musique pour telle situation.
Il ne faut pas que maman s'attache les cheveux.
Il faut que lors des repas chacun soit à sa place.
Il faut des compotes pomme-framboise.

Il faut respecter chacun de ses rituels.
À la perfection.

Aaron n'aime pas les enfants.
Sauf son frère.
Il ne parle qu'aux adultes.

Il répète mot pour mot.
Ce qu'il lit.
Ce qu'il entend.
Il est capable de réciter par cœur
un livre lu seulement deux fois.
Et je ne parle pas d'un livre *T'choupi.*
Non, un vrai livre.
Avec de longs paragraphes.

Toutes ses phrases sont stéréotypées.
Avec un langage bien loin
de celui d'un enfant de 3 ans.

Il a des obsessions :
le Minotaure de la Halle de La Machine à Toulouse,
le métro,
les trains.
Et connaît toutes les marques de voitures.
Toutes.
Sans exception.

Les marques.
Les modèles.
Les options.
Les médecins feraient bien de s'en inspirer d'ailleurs.

Nous prenons rendez-vous avec le C.E.R.E.S.A.
à Toulouse.
Centre régional d'éducation et de services pour l'autisme.
Le 29 août, jour de l'anniversaire de Ben,
Aaron passe le test de l'A.D.O.S.-2.
Test pour diagnostiquer l'autisme chez un enfant.

Résultats sans appel.
Aaron a des troubles du spectre autistique.
T.S.A.
Aaron est autiste.

En faisant des recherches,
nous apprenons que les enfants atteints d'une paralysie cérébrale
sont plus susceptibles d'être atteints d'autisme.
6 % d'entre eux.
Ce qui rend cette cooccurrence plus fréquente que dans la population générale.

Cependant,
même si la paralysie cérébrale et l'autisme partagent certains facteurs de risque,
l'un n'est pas directement responsable de l'autre.
Ils peuvent coexister en raison de facteurs de risque qui se chevauchent,
et qui affectent le développement précoce du cerveau.

Tout comme la paralysie cérébrale,
l'autisme, tu nais avec,
tu meurs avec.

Sur le moment,
j'ai forcément été triste.

Mon enfant avait déjà de lourdes atteintes au niveau moteur.
Voilà que des troubles sociaux et comportementaux
venaient s'ajouter à l'équation.

Mais.
Tout comme pour la paralysie cérébrale,
à force de rééducation,
il est possible de fournir les outils nécessaires à notre enfant
afin qu'il puisse gommer au maximum ses difficultés.

À l'heure où j'écris ces quelques lignes,
nous sommes en octobre 2024.
Aaron est en vacances scolaires.
Après quasiment deux mois passés sur les bancs
de l'école.

Et nous avons décidé de prendre du recul
sur ce diagnostic.
Car Aaron a fait des progrès
phénoménaux.

Ses phrases ressemblent de plus en plus
à celles d'un enfant de son âge.
Il tolère les autres enfants.
Il s'intéresse à de nouvelles choses.
Accepte de bouger ses rituels.

Il râle, souvent.
Il crie, parfois.
Il a des obsessions, encore.

Aaron est, merveilleux.
Aaron est, joyeux.
Aaron vit.

Aaron a 3 ans.

Nous avons décidé de prendre cette étiquette « T.S.A. »,
et de la garder au fond de notre poche.
On sait.
On fait avec.
On tâte.
On apprend avec lui.

En sachant que son étiquette « paralysie cérébrale »
prend déjà beaucoup de place.

Humour.
Autodérision.
Second degré.

Trois traits de caractère compliqués
pour une personne avec des T.S.A.
Aaron est mal barré.

Mais ces trois traits de caractère sont la force
de sa famille.

La vie peut continuer
d'essayer de nous abattre.
Je crois qu'elle n'a toujours pas compris
que c'est nous qui allons la battre.

Show must go on

(Ça veut dire : « le spectacle doit continuer »,
pour les non bilingues)

Aaron

Parfois on perd ses lunettes de soleil.
Parfois on perd espoir.
Ces derniers mois,
j'avais perdu les deux.

Peut-être qu'au fond,
s'interdire d'y croire,
c'est s'éviter la chute.

Handicap.
Depuis ce jour de janvier,
il n'y a pas un jour sans que ce mot apparaisse
dans ma boîte aux lettres,
mes mails,
mes appels,
mes écrits,
mes pensées,
Il est notre quotidien.
Notre statut.
Quo.

Depuis l'annonce de la paralysie cérébrale d'Aaron,
nous sommes aveuglés par toutes ces ordonnances,
ces appareils,
ces recommandations,
ces conseils,
ces stages,
nous en avons oublié l'essentiel.
Lui.
Et ses capacités.

Fin juin 2024,
je me suis dit que je devais lever le pied.
Sur tout.
Surtout.

Sans penser une seconde,
que mon grand garçon,
de bientôt 3 ans,
ferait pareil.
Il en a levé un.
Puis deux.
Puis un.
Puis deux.
Jusqu'au bout du couloir.
Rejoindre les bras d'une mère
qui n'y croyait plus.
Pour finalement re-croire en tout.

On m'avait prévenue que la méthode MEDEK était révolutionnaire.
Aaron avait rencontré Océane pour la première fois deux semaines auparavant.
Elle lui avait fait un bilan.
Puis, le 26 juin, il commençait sa première vraie séance.

Alors levons le pied sur le reste.
Perdons espoir parfois.
Nos lunettes resteront peut-être perdues.
Mais jamais,
les capacités de nos enfants ne le seront.

Depuis, Aaron a réalisé plusieurs séances MEDEK.
Et a enchaîné avec le stage Essentis® à Barcelone.
Ce qui a renforcé sa confiance en lui.

Aaron marche.
Pas une seconde je n'aurais pensé écrire
ces deux mots,
quand j'ai commencé à écrire ce livre.

Aaron marche.
D'une démarche différente des autres.
Un peu comme s'il avait peur d'abîmer le monde sous ses pieds.
Ce qu'il ignore encore,
c'est à quel point il a déjà changé et réparé le mien.

Aaron marche.
Et va à l'école comme tous les enfants de son âge.
Avec plusieurs petits trucs en plus.
Dont un déambulateur rose magnifique,
de quoi rendre jaloux ses nouveaux camarades.

Aaron marche.
Et a un T.S.A.
Mon fils est polyhandicapé sur le papier.
Mon fils est polyvalent dans mon cœur.

Aaron marche.
J'ai ce merveilleux souvenir qui me revient sans cesse.
Nous étions à Barcelone, au stage Essentis®.
Plusieurs familles suivaient leurs adolescents
dans le couloir.
Ces enfants ne marchaient pas tout seuls.
Mais ils se démenaient de toute leur force,
leur rage,
leur résilience,
et avec un merveilleux sourire,
pour avancer avec un déambulateur.

La joie dans le regard de leurs parents me donnait des frissons.

Lors de ce stage,
Aaron était un des plus jeunes.
Mais surtout le seul
à se déplacer debout.
Sur ses deux pieds.
Sans aide.

J'avais parfois peur du regard des autres parents.
Peur de croiser un regard triste.
Envieux.
Ou douloureux.

Une matinée, alors qu'Aaron était fatigué de marcher,
il s'est remis à quatre pattes.
Tout à coup, j'ai entendu une sirène de police,
imitée par la voix de deux papas qui abandonnaient
leurs grands enfants dans le couloir,
pour interpeller mon fils.

« Pin-pon ! Pin-pon ! Pin-pon !
C'est la police du quatre pattes.
Lève-toi champion.
Tu peux marcher.
Tu en es capable. »

Ils m'ont tapé l'épaule.
D'un regard.
Fier.
D'un sourire.
Sincère.
C'est alors que j'ai compris.

L'espoir ne disparaît jamais.
Le handicap d'un enfant ne mérite pas de pitié.
Il mérite du respect.
De la fierté.
Et de l'amour.
En abondance.

La méthode Essentis®

La méthode Essentis® est née en 2007 grâce à un jeune couple (Anna Blanquez et Frédéric Guez) passionné par leur métier : la santé.
Anna est spécialisée dans la médecine traditionnelle chinoise, qu'elle a apprise à Pékin, tandis que Frédéric est un ostéopathe français formé en France et aux États-Unis. Ensemble, ils ont découvert qu'en combinant ces deux approches les résultats étaient beaucoup plus efficaces.
Nous avons inscrit Aaron pour un stage de deux semaines, du 22 juillet au 2 août 2024.
Nous n'avons pu l'expérimenter qu'une seule semaine, Aaron ayant eu la bonne idée d'attraper le COVID espagnol une fois sur place.
Cependant, nous ne renouvellerons pas tout de suite l'expérience, car il nous semble que ce stage ne convenait pas à Aaron. Ou peut-être était-il trop petit.
Le coût total de ce stage intensif était de 2 200 € (sans le logement). L'association @souriredenfant.fr l'a entièrement financé. Grâce à eux, nous n'avons eu que le logement et la restauration à payer – ce qui est déjà conséquent pour deux semaines en Espagne en été. Encore merci à eux.

La méthode MEDEK

Si vous avez un enfant atteint de paralysie cérébrale, foncez vite découvrir la méthode MEDEK. Cette méthode de rééducation a été créée par Ramon Cueva, au Chili, dans les années 1970. L'hypothèse sur laquelle elle se base est la possibilité qu'aurait le cerveau de contourner les lésions existantes pour créer de nouveaux câblages. En partant du principe que le cerveau est malléable, il pourrait en effet continuer à se développer malgré les lésions existantes.

Ainsi, les professionnels spécialisés dans cette méthode essayent de provoquer l'apparition de la motricité, qui devrait être automatique mais qui ne l'est pas du fait d'un handicap. Pour cela, ils exposent l'enfant à l'influence de la force de gravité, afin de travailler le tonus et l'équilibre. L'enfant et le professionnel commencent alors un mouvement, et attendent une réponse automatique posturale et réflexe de l'enfant. Le professionnel ne maintient jamais l'enfant, mais le tient avec un appui de plus en plus distal (pour un travail debout, il tient initialement l'enfant au niveau des hanches, puis au niveau des chevilles, des pieds, puis en ne tenant qu'une cheville... jusqu'à la marche autonome si possible).

Il est possible de pratiquer la méthode MEDEK sous forme de séances de kinésithérapie de 45 minutes, mais vous pouvez aussi trouver des stages de rééducation intensive dans des cliniques ou d'autres lieux.

On ne remerciera jamais assez la queen de la méthode MEDEK.
Je nomme Océane Javaux.

Le rapport de Léo au handicap d'Aaron

Mon Léo,
mon bulldozer,
est en avance sur beaucoup de choses,
mais sur le langage
c'est encore une petite feignasse.

Nous ne lui parlons pas en détail du handicap
de son frère.
Et nous n'attendons pas encore de lui
qu'il communique à ce sujet.
Car il dialogue à base de :
« Caca, papa, pot, pipi, bravo. »

Vous noterez que je n'ai pas cité le mot « maman ».
Car cet enfant, à 19 mois,
ne le dit toujours pas.
Alerte enlèvement.
On a perdu le respect.
Vingt-six heures de contractions
pour que cet enfant sache dire
caca
avant maman.

Bien au-delà des mots,
ce deuxième enfant ordinaire,
mais extra,
comprend beaucoup de choses.

Je réalise souvent
combien la situation doit-être difficile pour lui.

Dû à mon manque de disponibilité
quand je suis en rendez-vous avec Aaron.
Ou à toutes ces fois
où nos principales préoccupations
sont tournées vers son frère.

Mais je reste intimement persuadée
que la communication sera notre force.
Quand il sera prêt.

J'ai hâte.
Car j'ai besoin de lui dire.
De le rassurer.
De lui expliquer.
Que même si le temps que je leur consacre
ne lui paraît pas être du 50/50,
dans mon cœur
ils sont à 100 %.
Chacun.

Mais surtout lui dire
que je ferai de mon mieux,
pour que le handicap de son frère
soit une force familiale,
et non un fardeau.

J'ai hâte.
De l'écouter me dire qu'il va bien.
Qu'il est heureux.
Qu'il comprend la différence.
Désormais.
Entre égalité et équité.
Et que quoi qu'il arrive,
il sait.
Que je serai toujours là.

À la hauteur de ses propres besoins,
à lui.

À leur âge,
c'est tellement difficile
de jongler avec leurs particularités.
Souvent écartelée
entre hurler avec l'un,
et chuchoter avec l'autre.
Frapper la balle avec l'un,
et la caresser avec l'autre.

Le retard moteur d'Aaron
nous empêche parfois
de faire certaines activités.
Ce qui m'amène souvent à culpabiliser
de priver Léo de celles-ci.

Comme si c'était une évidence
de devoir adapter la normalité
à la différence.
Alors je me force,
de temps en temps,
à inverser les rôles.
En adaptant les lacunes de l'un
aux facilités de l'autre.
En espérant qu'un jour,
tout ça ne devienne que banalité.

Ça n'empêche pas Léo
d'être déjà un petit frère aidant.
Et quand il perçoit qu'Aaron est en difficulté pour
se déchausser,
c'est de sa douce brutalité qu'il se dirige vers lui
pour lui retirer ses chaussures et ses orthèses.

Je m'en veux.
Par moments.
De devoir faire porter cette casquette à Léo.
Casquette qu'il n'a pas décidé de porter.
Celle du frère de l'enfant différent.

Un peu comme quand on dit à l'aîné d'une fratrie
de montrer l'exemple à son cadet.
Alors que l'aîné lui-même
n'a jamais demandé à avoir ce rôle.
De grand frère.
Ou de grande sœur.
Pourquoi lui donner cette responsabilité ?

Je ressens la même chose pour Léo.
Car Aaron n'a pas choisi d'être différent.
C'est vrai.
Mais Léo n'a pas choisi non plus
d'être le frère en bonne santé.

Heureusement pour Léo et moi,
en septembre,
un nouveau départ nous attend.

Aaron sera à l'école.
Et Léo aura enfin l'exclusivité de sa mère.
Tel un fils unique.
Durant deux ans.

Plus que quelques jours,
pour que l'aventure soit à nous.
Pour que mon temps,
ma pensée,
mon moment présent,
ne soient tournés que vers lui.

Nous allons nous salir.
Nous tremper.
Nous écorcher.
Rire.
Tomber.
Nous relever.
Nous allons vivre.
Ensemble.

Mais par-dessus tout,
nous allons enfin nous découvrir.
Vraiment.
Sans filtres.
Et sans limites.

Le couple dans tout ça ?

Je ne peux pas dire que nous sommes complètement opposés avec Ben.
Nous aimons les mêmes choses.
Avons les mêmes avis.
Je crois que Ben est ma meilleure amie.

Il adore faire du shopping.
Autant pour lui que pour moi.
Il aime les films et les séries à l'eau de rose.
Il aime prendre soin de lui.
On râle ensemble.
On critique ensemble.
On rit ensemble.
On couche ensemble.
Pour ce dernier point, ce n'est plus ma meilleure amie.

S'il y a un domaine dans lequel nous sommes complètement opposés,
c'est sans hésiter la gestion de nos émotions.
Ben est un taiseux.
J'ai toujours été dubitative mais aussi impressionnée par sa façon de gérer les conflits.
Les histoires de famille.
Le stress.
La tristesse.

Il ne dit rien.
Ne pense rien.

Alors quand je lui demande comment il fait pour rester aussi calme et silencieux,

sa réponse en toute circonstance est :
« Je bloque.
Je mets cette situation qui me met mal à l'aise
derrière une porte,
dans un coin de ma tête,
je ferme à clé,
et je n'y pense plus. »

Ce qui est complètement incompréhensible pour moi.
Moi qui, dans la même situation,
ouvre toutes les portes dans ma tête
et ne pense qu'à ça !

Ma nature bavarde et hyperactive
a fait que je suis une des seules
à connaître la thèse intérieure
de ce taiseux.
Et je me rends compte que c'est un privilège.

Notre communication est notre force.
J'en suis persuadée.
Nous parlons de tout.
Sans tabou.
Mais avec beaucoup de tabac.
Dixit nos cigarillos du soir.

Plus précisément, sur le sujet du handicap
de notre fils,
Ben a d'abord été très silencieux.
Très malheureux.
Sur ce dernier point, nous étions raccord.
Sauf que moi j'étais très bruyante.

J'avais besoin de hurler,
de crier,
de pleurer,
d'en parler,
d'avancer,
d'accepter,
de creuser,
d'accompagner,
d'anticiper,
d'attaquer.

Pour m'aider, j'écrivais.
Je participais à des groupes de parole.
Je voyais une kinésiologue.
#Céline Abader
Dont j'ai souvent vanté les mérites auprès de Ben.
Sans succès.

Puis un jour il a eu un électrochoc.
Nous étions dans notre lit.
Il m'a regardée et m'a dit :

« J'ai réfléchi.
Et j'ai économisé une séance chez ta kinésiologue.
Ou chez une psy.
Puisque je suis mon propre psy.
Modeste le type.
Je ne peux pas réagir avec Aaron
comme je le fais pour tout le reste.
Je ne peux pas bloquer.
Je ne peux plus.
Je vais l'empêcher d'avancer.
Ce n'est pas bon pour lui,
et je sens que ce n'est pas bon pour moi. »

Alors je crois que c'est comme ça que nous nous
sommes équilibrés
sur le sujet du handicap de notre enfant.
Moi qui étais dans un rythme trop rapide,
j'ai ralenti la cadence.
Et lui a accéléré.
Nous nous sommes retrouvés sur un pied d'égalité.
Celui de vivre l'instant présent.

Alors oui, devenir parents,
avec toutes ces difficultés,
c'est devenir son propre entrepreneur.
C'est découvrir une entreprise
dirigée par soi et son homme.

Mais pour réussir à traverser cette parentalité
sans encombre,
et surtout pour ne pas faire faillite,
nous avons mis en place,
Ben et moi,
plusieurs stratégies.

Si, avant,
nous ne vivions que d'amour et d'eau fraîche,
aujourd'hui nous vivons de vin et de pets
sous la couette.
Mais pas que.
Les habitudes ont changé.
Et nous avons changé grâce à ces habitudes.

Voici une liste GÉNÉRALE de nos habitudes
familiales.
Afin de survivre à ce vortex
qu'est notre parentalité.

Attention.
Liste qui part dans tous les sens :

- Avoir de l'aide avec les enfants grâce à l'intervention d'une T.I.S.F. deux fois par semaine ;
- Avoir une aide ménagère deux heures par semaine ;
- Réfléchir aux repas ensemble, et cuisiner pendant le week-end et le mercredi (HelloFresh pendant les vacances) ;
- Alterner les soins des enfants afin que tout soit équitable (l'un fait le bain, l'autre fera l'histoire, et vice-versa le lendemain) ;
- Se faire une soirée/nuit que tous les deux environ tous les deux mois ;
- Partir de la maison quelques jours en famille pendant les vacances scolaires, même si ce n'est pas loin ;
- Faire du sport, chacun, une à deux fois par semaine ;
- Essayer de voir nos amis, chacun, environ une fois par mois ;
- Faire 10 minutes de sport tous les matins (gainage, étirements) ;
- Faire souvent des cures de vitamines ;
- Prendre le temps d'une *skincare*, chacun, matin et soir ;
- Coucher les enfants à 20 h pour prendre le temps de discuter de notre journée pendant le repas ;
- Pratiquer la cohérence cardiaque tous les soirs ;
- Éteindre nos téléphones à 21 h 30 ;
- Lire un livre avant de dormir ;
- Le week-end, l'un se réveille plus tôt le samedi pour s'occuper de l'enfant le plus matinal et pour préparer le petit-déjeuner. Le dimanche, c'est l'autre. Pour les week-ends de trois jours, bon courage ;
- Diviser équitablement les tâches de la maison ;
- Faire chacun ses lessives (je gère les affaires

des enfants, puisqu'ils font presque la même taille que moi, et Ben gère les siennes) ;
- Avoir un aspirateur-robot ;
- Voir un ostéo deux fois par an, ou plus si besoin ;
- Voir une kinésiologue quand on en ressent le besoin ;
- Participer à des groupes de parole (pour échanger avec d'autres parents) ;
- S'investir/participer à des événements liés au handicap de notre enfant ;
- Écrire un livre :)

Liste non exhaustive,
qui s'adapte aux besoins, aux saisons, aux envies,
à la fatigue de chacun !

La kinésiologie est une méthode de rééquilibrage dite psycho-corporelle. Elle prend donc en compte les aspects physiques, émotionnels et mentaux de la personne.

Elle s'appuie notamment sur un test musculaire qui permet de comprendre le fonctionnement de la personne ainsi que les déséquilibres rencontrés pour y apporter une réponse adaptée. Elle permet donc de travailler à partir du corps, mais agit en fait à de nombreux niveaux pour un bien-être global.

Ce sont ces tests musculaires, effectués par le praticien, qui vont permettre de diriger la séance. Ils permettent en effet d'identifier les déséquilibres à l'origine des problématiques rencontrées. On se base ainsi sur la mémoire du corps et la relation entre le corps, le mental et les émotions.

Le praticien effectue ensuite plusieurs manipulations manuelles en fonction des besoins de la personne qu'il accompagne, et ce, dans le but de rétablir l'équilibre global du corps. Il peut s'agir de stimuler le système lymphatique, d'améliorer la circulation sanguine, de travailler sur les fibres nerveuses ou encore sur les méridiens énergétiques.

Mais il peut y avoir aussi des exercices de visualisation.

Merci à Céline de m'accompagner depuis plusieurs mois.
Vos séances sont d'une grande aide pour moi.
@celineabader.kinesio

Un petit mot de Ben

Aaron est né en 2021. Moi je suis né en 1991.
J'avais 29 ans et 318 jours quand il est apparu. Pas 30 ans.
Alors à tous les mathématiciens expliquant que 2021-1991=30, je réponds que 12 juillet 2021-29 août 1991=29 ans et 318 jours.
Bref, je n'avais pas encore la trentaine.

Aaron est né un peu en avance. Mais tout allait bien. Pour lui. Pour nous aussi. Sauf la nuit. La nuit ça n'allait pas du tout. Pour lui. Mais surtout pour nous. Mais dès qu'on a posé ses 44 cm sur mon torse velu (j'ai des poils au torse mais pas sur la tête, c'est normal ça ?), j'ai compris que plus rien ne compterait s'il était heureux. Et il sera heureux. Je lui en ai fait la promesse quand on s'est regardés dans les yeux. À la maternité. Ses grands yeux bleus fixant mes petits yeux bleus. Un poil dans la bouche. Désolé mon fils, je n'avais pas eu le temps d'aller chez l'esthéticienne.

Dans les mois qui ont suivi ces premiers instants, on nous a parlé de retard, de difficultés. Moi j'entendais : « Bla bla bla ». Et je pensais : « Il grandit à son rythme. Je ne suis pas pédiatre mais ça je le sais. Vous voyez bien que tout va bien. Il prend son temps, c'est tout. » Bon, heureusement qu'un médecin a réussi à me faire voir la vérité en face. Elle a dû s'y reprendre à plusieurs fois. Mais elle a réussi. Enfin je crois. Dieu soit loué. Je ne sais pas pourquoi je dis ça alors que je ne suis pas croyant. Mais si elle ne m'avait pas mis un coup de pied au derrière, je pense qu'à ses 18 ans Aaron marcherait toujours à quatre pattes en faisant caca dans sa couche.

Toute cette divagation pour dire que ça a été dur pour moi. Dur de ne pas le surprotéger. Dur de ne pas le voir comme un morceau de porcelaine. Dur de le laisser faire. Et ça l'est toujours. Ça le sera peut-être toujours. Mais j'en suis conscient. Alors je continue de me mettre des coups de pied aux fesses. Pour lui.

Mes proches diront de moi que je suis un taiseux. Ce n'est pas faux. Mais ce n'est pas toujours vrai. Même si c'est souvent vrai. J'ai du mal à exprimer mes émotions. Parce que c'est plus simple de ne rien dire. En tout cas pour moi. Et honnêtement, je n'en souffre pas. Ça me protège bien. Mais le jour où on nous a dit qu'Aaron avait une paralysie cérébrale, qu'il ne marcherait peut-être jamais de façon assurée, qu'il était porteur de handicap… j'ai compris que je devais réussir à parler. Ça a pris du temps. Pas mal de temps. Et je n'en suis qu'au début. Je suis mon propre psy, donc c'est long. Mais moins cher. Et mon canapé est bien plus confortable. Et moins cher. J'adore mon psy.

« Le couple dans tout ça ? », me demanderez-vous. En tout cas ça m'arrange si vous me le demandez parce que je veux en parler.

Pas simple de garder l'équilibre. Camille est plus maman qu'épouse. Je suis plus papa que mari. Mais je l'aime encore plus depuis que je n'ai plus l'exclusivité. Je l'accepte uniquement parce qu'on arrive bien à communiquer. Elle était ma meilleure amie et ma maîtresse. Elle est aujourd'hui encore tout ça à la fois… mais une fois les enfants couchés.

Prochaine étape ? Une vasectomie.
Pas parce que je n'aime pas les gosses.
Mais parce que j'aime trop les miens.
Et que je veux leur donner tout de moi...

Bref, je suis papa. De deux garçons. Un des deux est handicapé. Mais j'ai décidé que son handicap ne serait pas un handicap.

Un petit conseil en plus

Nous avons fait l'expérience avec Ben de créer deux groupes WhatsApp avec notre famille proche, et un autre avec nos amis proches.

Nous leur avons posé comme question :

« Quels ont été vos sentiments, vos ressentis, à l'annonce du handicap d'Aaron ?

Sans tabou.

Sans gêne.

Vous vous êtes beaucoup inquiétés pour nous, mais nous ne vous avons jamais demandé à vous comment vous vous sentiez.

Merci d'avance pour vos partages et pour vos mots. »

Lettre à un parent d'enfant extraordinaire

Être parent d'un enfant différent,
c'est faire le deuil de l'enfant ordinaire.

Au début, on a l'impression que le ciel nous tombe
sur la tête.
Un gros ciel noir.
Bourré de nuages.

Ce qu'on ne sait pas encore,
c'est que derrière ces gros nuages,
il y a plein d'étoiles.

Au début il y a le choc.
C'est le moment où on a l'impression de se prendre
un camion de trois tonnes en pleine gueule.
C'est lourd trois tonnes.
De fort et optimiste,
on devient alors vulnérable et pessimiste.

Ensuite vient le déni.
Comme ceux qui persistent à prendre rendez-vous
chez le coiffeur,
alors qu'ils sont chauves.
À ce moment-là, on n'a pas envie de les croire.
On pense qu'ils se sont trompés de dossier.

Hé salut la colère !
Toi aussi tu t'y mets ?
Bon ben désolée mais c'est le moment où même
les docteurs qui ne sont pas de garde,
en prennent pour leur grade.

Oh non, pas toi, la **tristesse**.
Qu'est-ce que tu fous là ?
Elle aussi nous accable.
Pourtant, on est d'une génération qui n'a pas trop appris à pleurer.
Mais là, on ne parle pas de nous,
on parle de notre bébé.

Arrive le tour de la **résignation**.
Ce moment où on supporte.
Sans protester.
(Fait chier.
Putain.)

Puis se pointe l'**acceptation**.
Le moment où, si on avait la possibilité d'avoir un enfant différent du nôtre,
on ne voudrait d'un autre enfant,
que notre enfant si différent.

Dernière étape.
La **reconstruction**.
Ce moment où on décide de transformer la maison
qui tombait en ruines
en hôtel 5 étoiles.
La force est revenue.
Le pessimisme est vaincu.

On doit apprendre à vivre dans l'instant.
Tout en anticipant parfois, c'est vrai.
Tout ça s'apprend,
ce n'est pas instantané.
De toute façon,
diagnostic posé ou pas,
pas de projection autorisée.

Spoiler alert.
On ne supporte pas tous ces gens qui nous disent que ça va aller.
Parce que nous, on se protège.
Si on s'imagine le pire,
c'est surtout pour savourer chaque petite victoire.

Puis rappelez-vous,
toujours,
que rien n'est acquis.
Tout est en quête.

Si je n'avais qu'un seul mot (ou deux) à vous dire,
à vous qui venez peut-être de découvrir le handicap de votre enfant,
c'est le mot
FORCE.

Recommencez tout à zéro.
Troquez votre parentalité,
contre une PARAntalité.

Investissez-vous.
Votre enfant va vous faire grandir.
Il est la leçon de votre vie.
Une belle leçon.
Promis.

Ne laissez pas les préjugés des autres
déterminer vos objectifs.

Le monde ne va pas s'adapter à nos enfants.
Ce sera à eux de s'adapter au monde.
Alors montrons-leur le chemin le plus merveilleux possible.

Car, je vous le jure,
il existe.

VIVEZ.
Ne vous faites pas déborder par le médical.
Par les soins.
Bien sûr que votre enfant a besoin de rééducation.
Mais il a surtout besoin de vivre de belles choses.
D'être sollicité, simplement.

Partez en vacances, en week-ends.
Ne gaspillez pas tout votre argent dans des stages intensifs.
Surtout quand il y a une fratrie.
Pensez aussi au bien-être de l'enfant en bonne santé.
Mais également au vôtre.

Troquez petit à petit les séances de rééducation classiques,
contre des activités qui font plaisir à votre enfant.
Équitation, piscine, escalade, gym...

Finalement, vivez une vie normale.
Mais avec un p'tit truc en plus.

Le handicap d'un enfant,
c'est un caillou que l'on met dans votre poche.
Un gros caillou.
Lourd.
Et encombrant.

Mais ce même handicap
fera surgir une force insoupçonnable à l'intérieur de vous.

Vous allez évoluer,
surtout grandir,
face à toutes ces épreuves.

Intérieurement.
Car sur le mètre,
je suis malheureusement toujours à 1 m 47.

En avançant,
ce même caillou sera toujours dans votre poche.
À vie.
Toujours présent.
Mais tellement plus petit.
Jusqu'à ne plus vous gêner.

Alors si la vie vous a fait don de ce caillou,
acceptez-le.
Et transformez-le,
en merveilleux petit diamant.

Qu'est-ce que ces épreuves m'ont apporté, à moi ?

Je suis partie à la recherche,
rapidement,
des choses positives que je devais tirer
de toute cette épreuve.
De notre histoire.

Premier point.

Avant d'avoir Aaron,
être enceinte était quelque chose qui me terrorisait.
Que ma mère soit tombée malade à ce moment-là
a fait que toutes mes craintes se sont envolées.
J'ai eu peur de la mort.
De sa mort.
À elle.
Ou à lui.
Terriblement.
Mais je n'avais plus peur de porter sa vie.
À lui.

Deuxième point.

Perdre ma mère avait toujours été ma pire crainte.
Quand il m'arrivait certaines nuits
de le cauchemarder,
je n'avais qu'une hâte,
c'était de l'appeler,
d'aller la voir,
et de la serrer dans mes bras.
Elle se moquait de moi.
Et me disait que je lui avais rallongé la vie de dix ans.

Désolée Mam's,
mes mauvais rêves n'ont malheureusement pas suffi.

Mon pire cauchemar a fini par se réaliser.
Et c'est Aaron qui m'a maintenue debout.
À croire qu'à trop m'avoir aidée,
c'est lui qui peine à tenir debout aujourd'hui.

Pour tout dire,
Aaron m'a sauvé la vie.
À la mort de ma mère.
Alors je crois que c'est pour ça que je fais tout pour
sauver la sienne aujourd'hui.

Le mot de la fin

Ma mère s'est envolée il y a trois ans.
Déjà.
En battant des ailes,
elle a fait se déployer dans ma vie
un étourdissant effet papillon.

Sans son départ,
j'aurais sans doute eu peur de devenir mère.
J'aurais possiblement souffert d'une dépression
post-partum.
Aaron n'aurait pas souffert dans mon ventre.
Il serait probablement en bonne santé.
Ce qui ferait que je me rendrais moins compte
de l'importance de la vie.
De l'importance d'avoir des frères et sœurs,
quand tu perds un de tes piliers.
Je n'aurais donc pas eu de second enfant.

J'aurais préféré avoir ma mère à mes côtés.
Et mon fils en bonne santé.
Plus que tout au monde.
Mais la vie en a décidé autrement.

Alors j'essaye de savourer,
tant bien que mal,
tout ce que ces épreuves,
aussi douloureuses soient-elles,
ont engendré dans ma vie.

Un fils extraordinaire.
Un deuxième fils extra, et ordinaire.
Un merveilleux mari,
et notre amour éternel,
capable de surmonter toutes les épreuves.

Mais aussi l'écriture,
cette échappatoire qui continue de me sauver.
Ma page Instagram.
Ce livre.
Vous.

J'ai fini par me dire qu'il était plus simple de voir
les choses avec grâce,
plutôt qu'avec cause.

Alors oui.
Aujourd'hui j'ai tout ça.
Grâce à tout ça.

Si vous me demandiez comment j'imagine notre vie,
je vous répondrais :
fabuleuse.

Avant d'avoir des enfants,
je ne voulais pas afficher mes bébés sur les réseaux
sociaux.
Quelques mois après avoir installé Instagram,
je suis tombée sur la page de @lextraodinairemarcel.
Gérée par Carole,
la maman de Marcel,
porteur de trisomie 21.

À travers sa page,
on ressent le combat de sa famille.
Notamment tout ce que ça apporte à Marcel.
Un petit garçon heureux,
qui vit des expériences de dingue,
qui vit une vie extraordinaire grâce à ses parents.
Marcel, vedette des réseaux,
admiré par des milliers de personnes,

grâce à la page Instagram de sa maman.
Marcel que l'on ne définit plus par son petit gêne en plus,
mais par tout le bonheur qu'il apporte.

@mother_feucoeur, c'est un peu tout ça.
C'est faire connaître la paralysie cérébrale.
C'est partager nos épreuves.
Notre quotidien.
C'est faire rire.
Et parfois pleurer.
Mais c'est surtout parler d'Aaron.
Ma vedette.
Et le protéger.
Afin que tous les regards qui se portent sur lui,
ne voient que ce petit garçon merveilleux.
Et non son handicap.
Je crois que cette page c'est, par-dessus tout,
donner de l'espoir.
À vous,
en vous la partageant.
Et à moi,
en l'écrivant.

C'est vous dire,
mais surtout me rappeler,
sans cesse,
que oui,
l'orage a bel et bien frappé dans ma vie.
Mais pour tous les jours qu'il me reste,
je veux continuer à danser sous la pluie.

Alors qu'est-ce que vous attendez ?
Prenez votre parapluie,
et venez danser avec moi.

Remerciements

J'ai toujours adoré les remerciements.
Ils sont la première chose que je lis
quand je commence un livre.
J'ai l'impression de découvrir l'auteur.
Qu'il s'adresse vraiment à moi.
Avec sa vraie voix.

Bon, il est vrai que le bouquin que vous venez de lire
n'est pas une fiction.
Bien qu'il en ferait une super, je pense !
Et j'espère que mon doux accent méditerranéen
en a bercé chaque page.
Dans votre tête.

En commençant ce livre, je trouvais qu'il était très
prétentieux d'écrire notre histoire.
Petit à petit, j'ai compris son but.
Vous aider.
Vous.
Mais aussi moi, en déballant tout ça sur des pages.

J'ai une multitude de personnes à remercier
pour cet ouvrage.
En commençant par les plus importantes.

Mes deux fils.
Aaron et Léo.
Ma vie a enfin un sens depuis que vous êtes là.
Ce livre, c'est notre histoire.
La vôtre.
J'ai tellement hâte de vous la lire.
J'ai tellement hâte de connaître la suite.

Je vous aime.
D'un amour abyssal.

Mon mari,
mon Bobby,
ma meilleure amie,
merci de m'avoir soutenue,
de m'avoir relue un milliard de fois.
Je pense que tu es aujourd'hui capable de réciter
ce livre telle une première poésie en C.P.
Merci pour tes conseils.
Pour ton soutien.
Merci d'avoir été présent pour les garçons,
afin de me libérer du temps,
sur nos week-ends,
sur nos vacances,
sans jamais m'avoir fait ressentir la moindre
culpabilité.
Merci de m'avoir virée de la maison plusieurs fois,
afin que je puisse écrire.
Tu avais raison.
J'ai réussi.
Tu es un papa exceptionnel.
Celui que je n'ai jamais eu.
Et que je découvre à travers le regard de mes enfants.
Pour ça, et pour tout le reste, je t'aimerai toute ma vie.

Merci à toi, maman.
La plus incroyable des mamans.
Je sais que tu aurais été fière de ton bébé.
Tu aurais acheté 154 exemplaires de ce livre,
et les aurais encadrés dans ta maison.
Tout ça, c'est grâce à toi Mam's.
Qu'est-ce que tu me manques, bordel.
Je t'aime.

Merci à mon beau-père, Roger.
Le mari de ma maman.
Sache que tu aurais pu participer au relais des Jeux Olympiques 2024,
au vu de la perfection du tien.
Merci Papou, d'avoir relayé maman.
Merci de remplacer sa voix par la tienne,
tous les jours au téléphone.
Merci de prendre soin de moi.
Mais surtout d'être présent pour mes fils.
Maman continue de vivre à travers toi.
Et quand je suis à tes côtés, je sais qu'elle est toujours là.
Je t'aime pour l'éternité.

Merci Agnès.
Ma belle-mère.
La maman de Ben.
Qui chaque jour, depuis le départ de maman,
réussit à me faire continuer de vivre une relation mère-fille.
Merci d'être présente pour nous.
Chaque seconde de notre vie.
Vous êtes un bel exemple à suivre.
Un nouveau repère.
Une véritable source d'inspiration pour moi.
Je ne vous le dis jamais, par pudeur sûrement,
mais je vous aime.
Énormément.

Merci.
Mon frère.
Jérôme.
Ma sœur.
Coralie.

Mon petit frère de cœur.
Hédi.
Qui, malgré toutes les épreuves que nous avons traversées,
et que nous traverserons,
êtes toujours disponibles pour moi (ou presque,
je n'oublierai pas Jérôme que tu n'es pas venu nous aider pour le déménagement).
Je vous aime indéfiniment.

Merci à ma famille.
Les Barguès.
Les Marti.
Nous sommes beaucoup trop nombreux pour que je vous cite tous ici.
Mais merci d'être vous.
Car sans ça, je ne serais pas la fille que je suis aujourd'hui.
Celle qui vit dans un monde de bisounours
(dixit tonton Loulou :) je t'aime quand même).

À la famille de Ben.
Pour tous vos mots.
Votre soutien.
Votre bienveillance.
Merci de me faire me sentir à ma place, lorsque je suis avec vous.
Je vous aime très fort.

Merci à nos amis.
Toulousains.
Sétois.
Bordelais.
Vous êtes ma deuxième famille.

J'ai peur d'en oublier, alors je préfère ne pas
commencer à vous citer.
Sinon je m'en voudrais à vie.
Je vous aime les gars.

Merci à @mademoisellesoline
de m'avoir nourrie un nombre incalculable
de dimanches midi.
Tes brunchs n'ont fait que nourrir mon inspiration.
J'ai hâte de déposer ce livre sur ton étagère à livres.
Puisque sur ton étagère à gâteaux, il ferait
un peu tache.

Merci à Émilie, notre T.I.S.F.,
d'être présente pour les garçons et moi.
Merci de m'aider dans ce rôle de maman, aidante.
Et de plier mon linge quand je suis sous l'eau,
soit souvent.
(Sans oublier Collette, Effia et Charafati, stagiaires
pendant plusieurs mois.)

Merci à Magali sans E.
Mon amie.
D'avoir été sur ma route pendant ma transformation
femme-mère.
Dans mon cheminement pour devenir maman,
tu as su semer de merveilleux petits cailloux blancs.

Merci à mon amie de toujours,
Jennifer @petit__jeanne__,
d'être réapparue dans ma vie,
vingt ans après.
Quel bonheur de lire ton livre
pendant l'écriture du mien.
Quel bonheur de te faire lire le mien

pendant l'écriture du tien.
Nos vies resteront étroitement liées.
Quoi qu'il advienne.
Je te cite : « Avec des arrivées merveilleuses
et des départs plus tragiques. »
Merci pour tout.

Merci à Régine Prieur
d'avoir été pour moi la meilleure psychologue,
sage-femme, conseillère en lactation, relectrice,
et amie.

Merci à Charlotte, @charlotteauxbooks sur Instagram,
chroniqueuse et dévoreuse de livres,
d'avoir pris le temps de lire le mien.
Quel honneur d'avoir été lue en priorité sur ton
énorme pile à lire.
Tes conseils m'ont vraiment aiguillée pour terminer
ce livre.
Merci de faire vivre, à travers tes posts,
tous ces livres que je n'aurai jamais le temps de lire.
Tu as un don pour ça.
Bravo.
Abonnez-vous.
Sans hésiter.

Merci à la Fondation Paralysie Cérébrale de m'avoir
prise sous son aile.
Il y a la famille de sang.
Et la famille de cœurs écorchés.
Vous êtes celle-ci pour moi.
Grâce à vous, je n'ai plus peur.
Merci pour votre humanité.
Débordante.
C'est une belle aventure qui nous attend.

Ensemble.
Merci au président.
Alain Chatelin.
Pour ta bienveillance.
À la directrice.
Clara Sitruk.
Pour ta gentillesse.
À l'attachée de presse.
Anne de Lander.
Pour ta confiance
et toutes ces interviews avec la presse.
Et gros câlin pour toi,
Melissa.
Meilleure responsable communication et mécénat.
Ever.

Merci aux Éditions Larousse.
De me faire confiance.
Je ne sais pas ce que ça vaut.
Et mon syndrome de l'imposteur veut vous dire
que vous avez été fous de me faire confiance.
Mais nous y voilà.
Merci à Laure.
Mon éditrice.
J'ai toujours été émerveillée, en lisant
les remerciements dans d'autres livres,
par la relation entre l'autrice (ou l'auteur) et l'éditrice
(ou l'éditeur).
J'avais hâte de la connaître.
Et tu m'as permis de la vivre.
Merci pour ces heures au téléphone.
Pour tous tes mots.
Nos confessions.
Merci de m'avoir soutenue et encouragée dans
mes périodes de doutes.

Soit souvent.
Je t'adore.
Vraiment.
Je pourrais continuer de t'appeler même
quand tout ça sera terminé ?
Merci à toutes les autres.
Dont Julie.
Et aussi Anne la graphiste, pour sa touche artistique,
Sonia la relectrice.
Vous avez été fabuleuses.
Désolée Sonia de t'en avoir fait baver.
À cause de mes « putain » ou autres jurons.
Mais surtout avec mes expressions du Sud, parfois
incompréhensibles pour le reste de la France.
Ton travail a embelli mon livre.
Merci pour tout.

Pincez-moi.

Ça y est ?
C'est fini ?
Je dois arrêter d'écrire ici ?
Je suis triste.
Soulagée.
Et heureuse en même temps.
C'est normal ?
P.S. : merci à tous les lecteurs, les lectrices.
Vos centaines de témoignages en privé me font chaud
au cœur.
Je ne cesserai jamais d'écrire.
Ne cessez jamais de m'écrire non plus.

P.P.S. : c'est bon, j'arrête vraiment ici.

P.P.P.S. : bisous. ♥

Crédits

Photo en couverture : © Anne Bied Photographe
Photo p. 277 : © Laura Camila Garcia Montana
© Shutterstock pour les illustrations d'ouverture de chapitre
© Anne Bordenave pour les petits dessins

Direction de la publication : Isabelle Jeuge-Maynart et Ghislaine Stora
Direction éditoriale : Émilie Franc et Julie Martin
Édition : Laure Sérullaz
Relecture-correction : Sonia Digianantonio
Direction artistique : Géraldine Lamy
Couverture : Laura Filiberti
Conception graphique et mise en page : Anne Bordenave
Fabrication : Marina Dartigues Plum

Fabriqué par les Éditions Larousse
21, rue du Montparnasse 75006 Paris (livres-larousse@larousse.fr)
EAN 9782036075665
ISBN : 978-2-03-607566-5

Imprimé en Espagne
par Rotativas de Estella
Dépôt légal : mars 2025
337203 /01 - 11056204 - février 2025